戦争の記憶

コロンビア大学特別講義 ―学生との対話―

キャロル・グラック

講談社現代新書
2531

はじめに

記憶と歴史

第二次世界大戦が終結してから、既に75年近くが経つ。だがこの戦争は、今なおニュースになる。アジアでは慰安婦と靖国神社が、東欧ではナチスとソ連による占領期が、国内と国家間の双方で、政治的、そして感情的な問題となっている。なぜ、はるか昔の過去がこうも**現在形で**存在しているのか。歴史と記憶の問題を、どうすれば最良の方法で解決できるのか。

過去がこれほど今に存在している理由の一つは、戦争の歴史をどう見るかはそれぞれの立ち位置によって変わり、戦争の捉え方が一致を見ないからだ。アメリカ人は、第二次世界大戦をドイツと日本の侵略に対抗する「良い戦争」と見る。日本人は、自国の指揮官によって悲惨な戦争に「巻き込まれた」と考える。韓国人にとってこの戦争は日本による植民地搾取の極致であり、中国人にとっては勇敢な抗日戦争だった。ロシア人にとっては「大祖国戦争」であり、インドネシア人は戦後の独立へと続いて行く序章と見る。

これらの簡潔でわかりやすい「国民の物語」は、総力戦の渦に飲まれた国民の行動や犠牲を称える。これらの物語自体は「良い記憶」と呼べそうなものであり、それぞれの国を団結させ鼓舞するのに役立つ。しかしこれは同時に「悪い歴史」でもある。なぜなら国民の物語は、第二次世界大戦の物語の全てを語ってはいないからだ。国民の物語にあるのは、自国側からの視点だけだ。だが文字通りの「世界」大戦というのは、ある一国のみの視点からでは語ることはできない。

そして今、アジアでは中国と韓国と日本の間で、東欧ではロシアとポーランド、そしてバルト諸国の間で苦い感情を生み出しているのが、この国民の物語どうしの衝突である。過去の戦争についてのそれぞれの国民の物語がぶつかり合い、現在において政治的かつ感情的な敵対心が生まれている。こうした「記憶の政治」にうまく対応するための一つの方法は、他国の「記憶」を尊重しつつ、それぞれの記憶に「歴史」をもっと加えていくことだ。記憶というのは物ごとを単純化するものだが、一方で歴史は、あの世界大戦の幾何学がいかに複雑で、入り組んでいて、多くの立ち位置が存在していたかを教えてくれる。

良い記憶、良い歴史――その二つが共に在ることが、これからの目的だ。

歴史家としての使命感

私は、明治時代から現在までの日本の近現代史を専門とする歴史家だ。当初、第二次世界大戦についてのそれぞれ異なる国民の記憶を意識的に学ぼうとはしていなかった。しかし南京事件から50周年の1987年以来、私はアジアでの戦争に関係するほぼすべての記念日に歴史家として意見を求められてきた。真珠湾攻撃50周年の1991年、終戦50周年と60周年、70周年の1995年、2005年、2015年。サンフランシスコ講和条約締結から60周年は言うまでもなく、ことあるごとについて回った。

当初から私は、国民の記憶へのそれぞれの思い入れの強さと、思いの強さによって異なる立ち位置にある者同士での冷静な対話が難しくなっている状況に、強い印象を受けた。中国系アメリカ人は南京について、日本人は日米戦争について、アメリカ人はパールハーバーについて、すべての人々が過去の中でも自国に特有の部分を記憶することに傾注していた。そして、彼らの間で交わされる緊迫したやりとりの中に、歴史についての知識が少ない事実に愕然とした。当時私は、歴史をもっと知ることが記憶の不足を補う一助になる、とあまりに簡単に考えていた。そしてそのことに、ある種の使命感を覚えた。

今でこそ、この使命を遂行するにはもっと歴史を知るだけでなく、もっと記憶について理解する、その両方が必要だとわかる。私が言うところのもっと記憶について理解するとは、「それぞれの社会がどのようにして自国の過去について共通の記憶を形成するのか」を知るという意味だ。人々は戦争についてどう学ぶのか？　彼らの考えは、時間が経つにつれてどう変わるのか？　フランスとドイツ、アメリカと日本のように過去には敵同士であった国々でさえ、ときに国家間で共通の理解を得ることができるのは、どういうわけなのだろう。現在の中国や韓国、日本で見られるように、過去の敵意を現在に持ち込む人々の間の争いを減らすためには、何ができるのか。もし私たちが、記憶がどのように作用するのかを理解すれば、そのときには記憶に変化をもたらすことができるかもしれない。

未来を変える責任

私がそうであるように、もしも未来の記憶が良いものになることを望むなら、最大の希望は若者たちであり、同時に彼らは最も大きな危険をはらんでいる。若者に希望があるのは、彼らがひとたび「記憶の政治《メモリー・ポリティクス》」という存在を認識すれば、その愚かさに気づきやすくなるからだ。若者が最大の危険因子であるのは、彼らは歴史から離れた記憶の動向に、より容易に影響されやすいからだ。この危険性は、過去20年の間に戦争の記憶を「ヘイト《憎悪の》・ナショナリズム」に発展させ、インターネットやソーシャルメディアに溢れさせてきた中国人、韓国人、日本人の若者たちの多くに当てはまる。彼らが社会の中心的世代になるなかで、もしそうした敵意を抱えているとしたら、東アジアの地域関係に悪影響を与えかねない。

以上の理由から、私は学生たちの見方を重んじ、ことあるごとに第二次世界大戦についての彼らの見解に耳を傾け、対話を続けてきた。本書に収録されている全4回の講義は特に、国や社会、政治的背景がそれぞれ異なる学生たちの見解を聞くことを目的としている。参加者すべてが発言し、他の学生の意見を尊重し、自分たちの記憶がどこから来ているのかに思いを馳せてほしかった。対話の中では学生たちがたびたび意見を異にする場面も登場するが、同時に彼らは、互いの立ち位置がどれほど大きく違おうとも、他の人の発言を聞こうとしていた。

「講義」と言っても、これはむしろ対話であり、私は教える立場ではなく、対話相手もしくは対話の仲介役だった。私たちは戦争の記憶について意見を交換し合い、自分だけの見方にともなう限界や、複数の見方に触れることで得られる利点について、お互いから学び合った。全4回を通じて、学生たちは過去（歴史）についてより多くの知識を得ることや、多様な見方（記憶）を尊重すること、そして過去と未来の両方（歴史と記憶の両方）に責任を持つことの必要性を語っていた。

学生たちが対話を通して明らかにしたように、私たちに変える責任があるのは過去ではない。未来なのだ。

本書に収録されている学生たちとの全4回の対話は、2017年11月〜2018年2月、ニューヨークのコロンビア大学にて行われたものだ。この企画は、第二次世界大戦の歴史と記憶を研究してきた私に、雑誌『ニューズウィーク日本版』編集者の小暮聡子氏が、このテーマについて、さまざまな背景を持つ学生たちとの対話形式の特別講義を依頼してきたことから始まった。その対話の記録は、同誌に全4回の特集として掲載された。

学生たちは、評価や単位認定の対象にならないこの対話にボランティアで参加してくれた。それぞれの回の参加者は11〜14人で、年齢も20〜30代の学部生および大学院生と幅広く、彼らが語った戦争への見方とは、2000年以降に、つまり彼ら自身が体験した時代に表面化したものだった。専攻は日本史、国際関係学、社会学、政治学、経済学など多彩で、またコロンビア大学全体の構成を反映するかのように、育った場所も日本や韓国、中国、インドネシア、カナダ、アメリカ各地と国際性に富んでいた。私が日本を専門とする歴史家であるゆえアジアに関心がある学生が集まったものの、彼らの顔ぶれはコロンビア大学の多様性を表していたと思う。

これらの対話を編集・翻訳してくれた小暮聡子氏と、特集の転載を快諾してくれた『ニューズウィーク日本版』編集部、また書籍化に尽力してくれた講談社の編集者たちに感謝を込めて。そして何より、第二次世界大戦の歴史と記憶について活発かつ思慮深い意見を交わしてくれた学生たちに、心からの感謝を申し上げたい。

目次

文中一部敬称略

MEMORY AND HISTORY

1 「歴史」とは何か、「記憶」とは何か

「戦争の記憶」の語られ方

グラック教授　この特別講義のテーマは、別々の場所から集まった多様なバックグラウンドを持つ学生たちと、第二次世界大戦の「歴史」と「記憶」について話し合うことです。全部で4回に分けて行われ、今日はその第1回です。

この講義は「授業」ではなく、皆さんとの「対話」形式で行います。

今日は「パールハーバー」を題材に、第二次世界大戦の「共通の記憶《パブリック・メモリー》」について皆さんが考えていることや知っていることと、私が考えていることや知っていることを話していきましょう。

まず、この質問から始めたいと思います。「パールハーバー」と聞いて、思い浮かべることは何でしょうか。

（グラック教授の右手の学生から、反時計回りに答えていく）

ユウコ　日本による米軍基地への攻撃。

ニック　奇襲攻撃と、諜報活動の失態。

トニー　ベン・アフレック（主演の映画『パール・ハーバー』。2001年公開）。

一同　（笑）

グラック教授　そうですよね、分かります。

トム　アメリカが第二次世界大戦に参戦したきっかけ。

ミシェル　多くの犠牲者。

スティーブン　僕も同じように映画を思い浮かべました。

グラック教授　いいですね、そういう答えを知りたいので。あの映画を見に行ったのは彼とあなたと、私くらいのようですし。では、次の方は？

ヒョンスー（仮名）　ハワイの日本人コミュニティー。

ユカ　日本の外交上の失態。

ディラン　アメリカの英雄主義。

トモコ　日本人として謝らなければならないこと。

トモコ

インニャン　私も「多くの犠牲者」を思い浮かべます。

スコット　奇襲攻撃《サプライズ・アタック》、というより「だまし討ち《スニーク・アタック》」とよく聞きます。

グラック教授　それはあなたが思っていることですか？

スコット　そうです。

グラック教授　分かりました。歴史の教科書がどう書いているかではなくて、あなたが何を連想するかを聞いているので、それで結構です。では、次？

スペンサー　アメリカの愛国心。

ジャジャ　観光地化している記念館。

グラック教授　（パールハーバーのＵＳＳアリゾナ記念館に）行ったことがありますか？

ジャジャ　はい。

グラック教授　この中で、行ったことがある方はどれくらいいますか？（４人が手を挙げる）。ここまでが最初の質問でした。では、二つ目の質問は、「その印象は、どこから来たのか」です。どこから、「日本による攻撃」という印象を得たのですか。

（再び、同じ順番で学生たちが回答していく）

州ごとに歴史教科書が異なるアメリカ

ユウコ　日本の歴史の教科書です。

グラック教授　何年生のときですか。

ユウコ　小学校5年生くらいのときでしょうか。

ニック　高校生のときに基礎的なことを学び、大学生のときに日本史を専攻して歴史書から深く学びました。あとは、米軍に入隊していたので、そこで第二次世界大戦について勉強しました。特に、諜報活動の失態について。

グラック教授　それで、諜報活動を連想したのですね。学校の歴史の教科書にはあまり書かれないことです。いつ米軍にいたのですか。

ニック　2007年から2015年までです。

グラック教授　次は、「ベン・アフレック」。これはどこから来たのか分かります。映画ですよね。

トニー　そうです、映画から連想しました。でも最初に真珠湾攻撃について知ったのは、9年生のときの「アメリカ政府」という授業です。

グラック教授　９年生のときに「アメリカ政府」の授業？　それはどこで学んだのですか。

トニー　フロリダ州のタンパです。

グラック教授　「アメリカ政府」の授業で、パールハーバーにどう言及されたのですか。

トニー　正確には覚えていません。９年生の頃のことなので……。

グラック教授　分かりました。よく覚えていない、ということ自体も重要ですね。では、次。「アメリカが第二次世界大戦に参戦したきっかけ」というのはどこから？

トム　小学校の教科書です。小学４年生のときだと、正確に記憶しています。

グラック教授　本当に？　どこで育ったのですか。

トム　（カリフォルニア州）サンフランシスコの近くです。

グラック教授　なるほど。知らない人もいるかもしれませんが、アメリカでは教科書や学校のカリキュラムというのは州ごとに決められていて、それぞれ異なっています。例えばカリフォルニア州は２０１６年に歴史・社会科学のカリキュラム改正案を可決し、10年生で慰安婦について教えるように定めました。この新しいカリキュラムはカリフォルニア州のアジア系アメリカ人や女性の人権活動家に配慮した結果であり、テキサス州のような保守的な州ではあり得ないでしょう。アメリカ独特の現象ですね。ほとんどの国には、国が定めた教科書というのがありますから。では次、「多くの犠牲者」と答えたミシェル？

ミシェル　私の母からです。祖父は米海軍でホノルルに配置されていました。

グラック教授　おじいさんは犠牲になったのですか？

ミシェル　いえ、祖父は犠牲にはなりませんでした。

グラック教授　そうですか。私はちょうど今日、アイルランド出身の同僚からこんな話を聞きました。彼女はパールハーバーに思い入れがあると。彼女の父親がアイルランドの陸軍に所属していて、パールハーバーが起こったために故郷に戻ることになり、そこで彼女の母親に出会ったから、だそうです。アイルランドは中立国だったのですが、彼女の話はあなたと同じように、家族のストーリーですね。

トム

家族として接点があるのですね。では、次に「映画」と答えたスティーブン？　映画のほかに、どこかで聞いていませんでしたか？

スティーブン　実は、その映画で初めてパールハーバーの話を知りました。高校生のときで、数人でその映画をレンタルして見ました。

グラック教授　どこでですか？

スティーブン　バンクーバーです。

グラック教授　カナダ人なのですね。

スティーブン　はい、そうです。

グラック教授　なるほど。こういったバックグラウンドは、話をする上でそれぞれに違いを生んでいくでしょう。では、次？

ヒョンスー　（「ハワイの日本人コミュニティー」という印象は）ハワイで博物館研究をしていた日本人の人類学者との出会いから来ています。その方には、学部時代、東京大学に交換留学していたときに会いました。

グラック教授　なるほど。東京大学に留学していて、そこで聞いたのですね。次は？

ユカ　（「日本の外交上の失態」というのは）日本の小説から来たイメージです。山崎豊子の

『二つの祖国』（新潮社、1983年）です。

グラック教授　テレビ（同書が原作のNHKの大河ドラマ『山河燃ゆ』、1984年）も見たことがありますか？

ユカ　いいえ……。

グラック教授　あなたは若過ぎますよね（笑）。私はあのドラマを見ていました。二つの祖国というのは、日本とアメリカのことです。あれは日系アメリカ人について取り上げた最初で最後の大河ドラマだと言われています。あまりヒットしなかったので（笑）。

教科書とヒストリーチャンネル

グラック教授　次は、「アメリカの英雄主義」と答えたディラン？

ディラン　私の印象は、二つの大きな情報源から来ています。一つ目は、FDR（フランクリン・ルーズベルト大統領）の大ファンである祖母です。彼女はまだ生きていますが、ルーズベルト政権下で育ったので、ルーズベルトがどうパールハーバーに対処したかについて話してくれたり、あんなにひどい出来事が起きたのに大統領はとても勇敢だったと、FDRの対応を高く評価していました。

もう一つの発想は、中学校の歴史の授業です。その時代の出来事について何をどう習ったのかは覚えてないのですが、映画を見たことを覚えています。兵士たちがどう対応したかを、ポジティブな印象で描いた映画でした。

グラック教授　習った内容は覚えていないけれど、映画は覚えているのですね。

ディラン　はい。ただ、兵士たちについてのイメージはぼんやりとあります。

グラック教授　分かりました。ぼんやりと、ですね。家族の話であり、イメージ的な話でもあるということですね。では次、「日本人として謝らなければならないこと」とは？

トモコ　小学校や中学校で学んだことは確かなのですが、その頃、私は「真珠湾攻撃」という言葉にそれほど関心を払っていませんでした。歴史の中の一つの事実、というくらいの認識です。でも私は今、広島の被爆者のオーラルヒストリーを集めていて、アメリカに来た2人の被爆者が真珠湾攻撃に対する謝罪から口火を切る場面に出くわしました。彼らに理由を尋ねると、アメリカ人に自分たちの話を聞いてもらうために期待されていることだから、という答えが返ってきました。それで私も、謝るということが求められているのかな、と思うようになりました。

グラック教授　あなたは今現在、このテーマについて研究しているのですね。
トモコ　はい、そうです。
グラック教授　では次、「多くの犠牲者」とは？
インニャン　高校の歴史の教科書です。
グラック教授　アメリカの高校でしょうか？
インニャン　カナダの高校です。
グラック教授　その高校で、カナダ人の話については習いましたか。アメリカの話、パールハーバーの話以外に、戦時中のカナダ人のストーリーについてはどうでしたか。別の文脈で、など。
インニャン　カナダが第二次世界大戦にどう関わったか、については習いました。
グラック教授　分かりました。次は、「だまし討ち」とはどこから？
スコット　『トラ・トラ・トラ！』（１９７０年、真珠湾攻撃を題材にした日米合作映画）などのハリウッド映画です。あとは、小さいときにテレビのヒストリーチャンネルでももう一本見ました。ヒストリーチャンネルというのは、とにかく第二次世界大戦の話ばかりです。

一同　（笑）

グラック教授　今は、「ヒトラー・チャンネル」と呼ぶ人もいますね（笑）。アメリカのヒストリーチャンネルが放映する番組の第二次世界大戦の舞台は、今でもアジアというよりヨーロッパが中心です。では次に、「アメリカの愛国心」とは？

スペンサー　ヒストリーチャンネルのドキュメンタリーです。でも当時は幼過ぎて、こういうことがあった、という以上のことは理解できませんでした。もう一つ、祖父の影響というのがあります。祖父は海兵隊のエンジニアをしていて、終戦間際に日本に送られました。僕がこういうドキュメンタリーを見ていると、いつも祖父と議論になります。彼は常に、「この瞬間」について話します。パールハーバーのことです。この瞬間が、最も愛国心を掻き立てられたときだと。それが祖父個人の話なのか、アメリカ全体の愛国心の話なのかは覚えていませんが、2人でいつも議論になりました。

グラック教授　「この瞬間」が、パールハーバーだと。自分のおじいさんとは議論すべきではないと思いますが（笑）。では次、「観光地化している記念館」というのはどうして？

ジャジャ　ハワイに行ってきたので。

一同　（笑）

グラック教授　簡単な答えですね（笑）。ハワイに行く前にパールハーバーについて聞いたのはいつですか。

ジャジャ　たぶん中学校の歴史の授業で習ったと思うのですが、正直よく覚えていません。

「歴史」と「記憶」の違いとは

グラック教授　いいでしょう。さて、今の皆さんの答えから何が言えるでしょうか。学校で習った、と答えた人が数人いました。家族の話など、私的な理由の人が数人。映画やヒストリーチャンネル、テレビなど、イメージ的な理由を挙げた人が数人。

私がこういう質問をした理由についてですが、これはどんな戦争の話をするときにもできる、次の質問につながっていくからです。つまり、「これは歴史なのか？　それとも記憶なのか？」という質問です。ここで「記憶」と言うとき、それは個人の記憶ではなく、「共通の記憶」のことを指します。みなさんが、いま私に話してくれたことは「歴史」に属するのか、それとも「記憶」に属するのか、そのどちらでしょう。どう思いますか。

トム　どちらかというと歴史だと思います。

ユカ　歴史だと思います。

ユウコ　私は、歴史だと思います。記憶がひとたび教科書に書かれたら、それは「歴史」になると思うからです。

グラック教授　記憶が教科書に載ったら「歴史」になる——ということですね。次は？

ミシェル　私は、あるストーリーが記憶のカテゴリーに入っていくことはあると思います。記憶というのは、いつも正しいとは限らないからです。

グラック教授　一方で、歴史はいつも正しい、と……。

一同　（爆笑）

グラック教授　そう言ってくれてとてもうれしいですね（笑）。

ミシェル　個人の記憶も歴史を反映することはあるでしょう。とはいえ、記憶が呼び起こす感情は、必ずしも真実ではないかもしれません。

グラック教授　記憶が持つ、感情的もしくは主観的な作用が、歴史家が書く歴史書には含まれていない場合が多い、ということですね。それはつまり、こういうことです。皆さんが話してくれたことの情報源を考えたとき、そのほとんどは専門家が呼ぶところの「共通の記憶の領域」に属しています。ここには、ベン・アフレックも入ってくるし、実は学校の教科書も入ってくるのです。専門的な歴史書はさておき、中学校で使う教科書は国や州によって定められています。その大きな目的の一つは、自国の歴史について人々が知るべきことを語るということです。これらは「諜報活動の失態」など、あらゆることの詳細にまではそれほど踏み込みません。

ミシェル

さらに、家族の物語というのは明らかに記憶であって、それだけでは歴史の全てを語れません。ヒョンスーが日本人の人類学者に出会ったという話も、歴史書からではなく記憶の領域です。9年生のときに教科書で習った内容は覚えていなくても、後になってパールハーバーについてのイメージをどこかで得た。これも記憶の話です。

私は分析手法として「歴史」と「記憶」を分けて考えることにしています。ここで、二つを定義してみることにしましょう。「歴史」というのは、歴史家が「歴史書」に書くもので、主に学者や一部の読者に読まれるものを指します。一方で「記憶」というのは、学校の教科書や国の記念館、記念祭や式典、映画や大衆文化、博物館や政治家のスピーチなどを媒介して多くの人々に伝達されます。この二つはもちろん相互に関係していて、実際には切り離すことはできません。ですが、共通の記憶を理解するためにそれぞれを一度分けて考えると、その特性を知ることができます。

ミシェルが提示してくれた疑念に答えるなら、歴史は「正確であろうと」します。ですが歴史は必ずある立場に立って書かれているので、正確であろうとする試みがいつも成功するとは限りません。

記憶というのはいくつかの点で歴史と違っているのですが、まず一つは、既にミシェルが指摘してくれたこと。例えば歴史書というのは、基本的には「軍靴の音」にまつわる感情的な作用については教えてくれません。（兵士たちが近づいてくるときの）軍靴の音を聞いた人が何をどう思ったのかについて、歴史書では伝えることが難しいのです。多くの歴史家たちは、戦場に行った兵士が実際にどう感じたのか、爆弾で殺されそうになったときに何を感じていたのかという、感情的な作用を伝えるのに苦しんできました。一方で、ナチスに支配されたヨーロッパについて書かれた小説の多くは、軍靴が近づいてくる音、あるいは爆弾が空から飛んでくる音を聞いたときの気持ち、つまり恐怖や不安について教えてくれることでしょう。

もう一つ、記憶が歴史と違うのは、記憶というのは、現代社会のマスメディアや大衆文化を介して世に出回っているものだということです。ベン・アフレックの映画やヒストリーチャンネルも、その媒介手段の例の一つです。これらを介して多くの人々に共有されるものを、「共通の記憶」と呼べるでしょう。

ここでまた質問です。なぜ現在は、パールハーバーについて耳にすることがそれほど多くないのでしょうか。１９５０年代や、真珠湾攻撃から50周年を迎えた１９９１年にはアメリカや日本のメディアは盛んにパールハーバーについて報道していたのですが、今年はどうでしょうか。アメリカではあまり多くは聞かれないと思います。

「パールハーバー」から「9・11」へ

ユウコ　あの時代に生きていた人の多くが既に亡くなっているからだと思います。

グラック教授　それも一つの理由ですね。個人の記憶が失われた、ということ。真珠湾攻撃を生き抜いた人たちは、もうほとんど生存していないですね。

トニー　9・11に（パールハーバーが）取って代わられたことが理由でしょうか。

グラック教授　9・11（アメリカ同時多発テロ、2001年）が起きたとき、あなたは何歳でどこにいましたか。

トニー　10年生で、フロリダ州タンパにいました。

グラック教授　なぜそう聞いたかというと、9・11が起きたときにアメリカ人のごく普通の人々からヘンリー・キッシンジャー（元国務長官）まで、多くの人々が即座に思い浮かべたのが、「これは、もう一つのパールハーバーだ」ということだったからです。アメリカ本土が不意打ちに遭った、奇襲攻撃、だまし討ちされた、と聞いて、さまざまな年代の人が瞬時にパールハーバーと結び付けたのです。つまりそれは、真珠湾攻撃が「アメリカ国土への奇襲攻撃」という形で共通の記憶に刻まれていたということでした。9・11後、とっさの反応として「アメリカの愛国心」が出てきたのも、真珠湾攻撃との結び付きがあったようです。

トニーの質問に戻るとして、9・11がパールハーバーに取って代わったのかという点。ある年代の人にとってはそうでしょうね。9・11しか知らない若い世代にとって、「パールハーバー」は教科書上の出来事でしかありません。ですが、一定の年代の人々にとって、9・11は感情を伴う自分自身の体験として記憶に刻まれたのですから。

ほかには? どうして現在はパールハーバーについてあまり聞かないと思いますか。

トモコ　日米関係がうまくいっているからでしょうか。もしうまくいっていなかったら、アメリカ人は日本に対して抗議したいと思うかもしれません。

グラック教授　そのとおりです。日米関係の変化、というのは重要です。

ここまで、個人の記憶について、また9・11についての議論がありましたが、今度は地政学的な議論になります。日米関係は、1941年から1945年までは敵同士だったところから、長年にわたる同盟関係に変化してきました。この間のパールハーバーについての共通の記憶を追っていくと、それが米国内と日本国内の双方で変化してきたことが分かります。例えば真珠湾攻撃の記念式典では、日本人の元機長とアメリカ人の元水兵が幾度も対面し友好関係を築いてきました。戦後の数十年の間に、アメリカは日本に親しんでいきました。日米同盟はアメリカの外交関係の中でも親しみやすい支柱となり、１９８０年代に両国の経済関係に緊張が走ってジャパン・バッシングが起きたときでさえも、日本に対するアメリカ人の一般的な見方はおおむねポジティブなままだったのです。真珠湾攻撃から50周年の１９９１年までには、ほとんどのアメリカ人にとって、パールハーバーは感情的な反応を呼び起こすものではなくなっていました。

日本では、真珠湾攻撃が、原爆投下のように共通の記憶の中でそれほど突出した事例ではなかったので、記憶の変化もほとんどありませんでした。真珠湾攻撃とアメリカの原爆投下を併せて考えてきましたが、記憶の中で重きを置かれていたのは原爆投下のほうでした。

そして、２０１６年12月に何が起きたでしょうか。これは日米関係の物語の、最終章の局面とも言える出来事でした。誰か分かる方はいますか？　２０１６年

て、ワシントンの日本大使館の不手際でアメリカへの通告が遅れてしまった、という話ですね。それも、一つのストーリーです。もちろん、一部の小説は「日本はだまし討ちをしたかったわけではない」と書いているでしょう。この小説が書かれた1980年代には、このように既にさまざまな見方が生まれていました。でも、おそらく日本人のほとんどはパールハーバーと聞いてこの点を挙げようとはしないでしょう。

ほかに日本で一般的に伝えられている見方は？

スコット　ABCD包囲網？

グラック教授　そうです。当時も、そして最近になってまた言われるようになってきているのは、「日本は真珠湾攻撃に打って出る以外になかった」という話ですね。アメリカと戦争を始めたのは、アメリカ、イギリス、中国、オランダによる対日政策（ABCD包囲網）があったからだ、と。特にアメリカによる石油や鉄などの輸出制限措置。これは、戦時中にあった見方であり、現在また、保守派の間で言われていることです。軍事、安全保障、経済の地政学的背景から、やむにやまれず開戦したのだ、と。

では今度は、パールハーバーについての情報に触れる機会が多いアメリカ人ではなくて、アメリカ人以外の皆さんにお聞きします。パールハーバーではなく第二次世界大戦について考えるとき、真っ先に思い浮かべることは何ですか。

トモコ　ヒロシマとナガサキ。

グラック教授　はい、もちろんそうでしょう。

ユウコ　日本が負けたこと。

グラック教授　敗北ですね。お二人の答えは至極真っ当です。（第二次世界大戦と聞いて）アメリカ人がパールハーバーを思い浮かべる一方で、日本人はおそらく原爆と敗北、降伏を思い浮かべるでしょう。つまり日本では、パールハーバーはそれほど大きな出来事ではないということ。大切なのは戦争の終わりであって、始まりではないからです。

第二次世界大戦についてアメリカには一つの物語があり、日本にも別の物語があります。一般的に、アメリカの戦争物語はパールハーバーから語られ、日本の物語は戦争の終わりから語られます。日本の物語はたびたび、広島原爆と天皇の玉音放送から始まりますよね？　では、「歴史」とは違って、「記憶」の物語とはどういうことだと言えるでしょうか。記憶の物語の限界とは、何なのでしょう。

ニック 戦争の中で最も感情的な出来事によって突き動かされるということでしょうか。

グラック教授 ええ、そのとおりです。それもそうですが、もう一つの限界とは、国境です。記憶の物語とは、「国民の物語《ナショナル・ストーリー》」なのです。勇敢さを思い浮かべたり、だまし討ちと捉えたりするアメリカと、原爆が落とされて世界初の被爆国となり、それによって戦後、平和への使命を与えられた日本と、これら二つは別々の物語です。多くの場合、日本人は終戦と平和への使命について語り、アメリカ人は奇襲攻撃に対して勇敢に戦ったことを語ります。つまりどの戦争の物語についても非常に大きな点というのは、これらは国民の物語だということです。日本人はパールハーバーについて覚えてはいるけれど、そこまで感情的な作用を伴わないでしょう。だからこそ、日本に南京事件や慰安婦の強制性について否定したがる政治家はいても、これまでに右派の政治家でも真珠湾攻撃を否定した人はいないのでしょう。

過去からの教訓を妨げる限界

グラック教授　では、なぜ戦争の物語が国民の物語であることが問題なのでしょうか。それに何が欠けていると感じますか。

ニック　共通の記憶だけを覚えていては、歴史的な文脈が示す全ての教訓に目を向けられるとは限らないから。

グラック教授　そうですね。歴史が示す教訓を学ばないと、どうなるでしょうか？

ニック　また同じことをします。

グラック教授　そのとおり、また同じことをする。言い換えると、何が起きたのか、その結果どうなったのか、という疑問を持たないと過去から学んだことにはなりません。

はい、質問でしょうか？

ヒョンスー　つまりこれは、歴史と記憶が矛盾している、という話だと思います。記憶は歴史から学ぶことを妨げると。もう一つ記憶について問題があるとすれば、ある記憶が国民の記憶となったとき、その記憶は他のアイデンティティーを持った

人々の声を塞いでしまうのではないでしょうか。例えば、ハワイにいる日系人の声などを。

グラック教授　なるほど。そうですね。それぞれの国がそれぞれの戦争の物語を語ることの、何が問題なのでしょうか。東アジアで、なぜ今、戦争の記憶がこれほど政治問題になっているのでしょうか。

ディラン　現在の出来事と結び付けられているからですか？

グラック教授　どのように結び付けられている？

ディラン　例えば日本のケースでは、自虐史観という考えがあって、政治家たちは歴史の詳細は伏せておきたいと思っているようです。国民の戦争に対する態度を変えてしまうかもしれないから。

グラック教授　自虐史観というのは1996年から歴史修正主義者が言っていることですが、彼らの立場はどんなものですか。彼らが特に重視しているのは何でしょうか。

ディラン　彼らが重視しているのは、国家の威信と日本の歴史における自尊心だと思います。

グラック教授　まさにそのとおり。つまり国民の記憶を語るとき、現在の出来事がナショナリズムに結び付けられるケースが多々あります。各島の領有権をめぐる現在の論争も、その例の一つです。ナショナリズムや国家の威信、国民の物語というのは、国内で問題になるだけではなく、国家間で問題になってくるのです。日韓や日中などにおける「歴史問題」という摩擦は、その典型的な例です。

スペンサー　一番問題なのは、記憶があたかも歴史であるかのように装っていることだと思います。現在、アジアの政治家たちはそれぞれ「これが歴史だ、これが起きたことだ」と言っているけれど、それはたいてい記憶なのではないでしょうか。

グラック教授　それは記憶が歴史を凌駕しているケースだと言えるでしょう。そして、それが政治家やマスメディアの口から語られると、何が生まれるか。戦争についてあまり知らない人たちの間でさえ、敵対心や衝突、憎しみを生んでしまうことになります。歴史を装う、という意味では成功ですよね。

ここで問題なのは、国民の記憶が第二次世界大戦の何らかの歴史を凌駕するときき、それが政治化されたり、国内でナショナリズムが高揚したりしているときには、現在東アジアで起きているような戦争の記憶に関する衝突が生まれるということです。70年以上も前に終わった戦争について、今、衝突しているのです。なんて長い年月なのでしょう。

いわゆる「記憶の政治」について考えることがなぜ重要かというと、非常に大きな政治的結末をもたらしかねないからです。そのため、私の学問的な立場は、「一国についてだけを研究していては、戦争の記憶を理解することはできない」というものです。これは、歴史の教科書についても同じです。教科書というのは通常、原因と結果について自国に関わる部分について書かれることが多いのですが、一国の教科書では、世界戦争の歴史を学ぶのには物足りないことになります。

「世界に共通する記憶」はあり得るのか

グラック教授　多くの国々に目を向けなければならない二つ目の理由。それは、この戦いが世界大戦だったからです。世界大戦について知っていることというのは、多くの場合は一国の立場（それが自国の立場かどうかは分かりませんが）から見たもので、本質的には第二次世界大戦から「世界」を抜き取ってしまっているのです。第二次世界大戦は世界大戦だったのだから、世界大戦として考えなければなりません。アメリカ対ドイツでもなければ、アメリカ対日本でもなく、非常に複雑でグローバルな幾何学があるのです。世界大戦は二国間戦争でもなければ、同盟関係同士の衝突だけでもなく、ほとんど全世界を巻き込んだ戦争です。

　私が強調したいのは、共通の記憶を正しく理解しようとするならば、それが歴史であれ記憶であれ、国境の内側にだけ目を向けていてはダメだということです。

　はい、質問ですね？

トニー　記憶はどうやったら国際的になれるのでしょうか。コスモポリタンな記憶、というのはあり得るのでしょうか。

グラック教授　とてもいい質問ですね。ポイントは三つあるでしょう。

一つ目は、もともとの戦争の物語というのは国民的なもので、国民性を欠くということはありません。ある国家が戦争を行って、国のために多くの人が犠牲になったのです。国のため、という以上の理由がある場合もありますが、基本的には国家のために死んだわけです。戦争についての共通の記憶が国民的であってはいけない、とは言えません。戦争についての共通の記憶は犠牲者を悼んではいけない、とも言えません。

二つ目のポイントは、しかし戦争の記憶は国民的なものだけでもない、ということです。例を挙げましょう。例えばホロコースト（ユダヤ人大虐殺）、もしくはアウシュビッツは現在、それを実行したナチスや、ユダヤ人やロマなど被害者だけの記憶ではありません。アウシュビッツ、これは記憶の象徴ですが、ホロコーストやジェノサイドは現在、世界中の人々に共通の記憶となっています。人権や、国連のジェノサイド条約などの一部にもなっているのです。

同じことがヒロシマにも言えるでしょう。ヒロシマも、原爆を落としたアメリカや被爆国である日本だけの話ではなく、今や核戦争というのは世界にとっての問題です。そのため、ある意味では、これらの記憶は国境を超えたと言えます。コスモポリタン（世界主義的）というより、トランスナショナル（国境を超える）と言えるでしょう。インターナショナル（国際的）という言葉も違いますね。ホロコーストもヒロシマも、次回以降の講義で話す予定の慰安婦も、国民の記憶の内側にとどまらない、という意味で同じです。

三つ目に、戦争の記憶には現在、インターナショナルでありグローバル（世界的）な側面が生まれているということです。私が呼ぶところの「世界的な記憶の文化《グローバル・メモリー・カルチャー》」が生まれているからです。これはトモコが触れた点に関わってくるのですが、1950年には国際政治の中で「謝罪」についての議論などほとんどありませんでした。それが現在、国家元首から自国民に対して、あるいは、国家元首から他国の人々に対してというように、あらゆるところで謝罪というものが求められている。これが、世界的な記憶の文化による結果の一つです。

さまざまな場所で謝罪が求められるようになったのは、元をたどればその多くが第二次世界大戦の記憶から生まれた変化でした。オーストラリアやカナダやそのほかさまざまな場所の先住民たちは、この「謝罪の政治」がなければおそらく謝罪を得ることはできなかったでしょう。またこれが現在、自国の話にとどまらないのは、国際的にそう期待されているからです。今はこの期待を無視できなくなってきているのです。

　話を戻しましょう。私の前提は、第二次世界大戦の「世界」を守ろうとしているのです（笑）。

一同　（笑）

グラック教授　さて、これからクイズをします。先ほどと同じように、正しい答えというのはないクイズです。第二次世界大戦は、いつ始まりましたか。

それぞれの国で語られる「第二次世界大戦」

スペンサー　１９３１年。

グラック教授　なぜ、１９３１年？

スペンサー　満州事変。日本が満州に……。

グラック教授　日本が満州を侵略した。

スペンサー　「侵略した」とは言いませんが……。

グラック教授　そうですか、中国人は「侵略」と言いたいだろうと思いますよ。ほかに、第二次世界大戦が始まった日は？

ニック　１９３９年9月。

グラック教授　１９３９年9月1日。ナチスによるポーランド侵攻です。ほかには？

ニック　１９３７年。日本が中国と総力戦を始めた日（日中戦争の開始）。

グラック教授　１９３７年、日本が中国と戦争を始めた。日本による中国侵略ですね。ほかには？

ユカ　ほとんどの日本人は、第二次世界大戦はパールハーバーから始まったと考えていると思います。

グラック教授　そうですね。では、ほとんどのアメリカ人はいつだと思っているでしょうか。

一同　パールハーバー！

グラック教授　では、ロシア人はいつだと思っているでしょう。

ディラン　ナチスとソ連の協定（独ソ不可侵条約）が破られた日でしょうか。それで戦争が始まったので。

グラック教授　１９４１年６月22日、協定を破棄してナチスがソ連侵攻を開始。これが、ロシア人にとって第二次世界大戦が始まった日ですね。まだまだ続けられます。ノルウェーにとっての開戦日は？　１９４０年４月（ナチスによるノルウェー侵攻）です。フランスは？　１９４０年５月（ナチスによるフランス侵攻）。つまり、開戦の日というのは国によって違うのです。

香港にとっては、１９４１年12月８日。日本は真珠湾攻撃の直後に香港を侵攻したからです。インドネシアはどうでしょう。誰か知っていますか？　日本がオランダ領東インドを侵攻した、１９４２年です。誰も知らないかと思いますが、アルゼンチンにとっては１９４５年３月27日です。ヨーロッパでの終戦の６週間前になってようやくナチスとの対戦に加わりました。

ここで言えることとは、どの立場に立つかによって開戦日が変わってくるということです。こうしたレベルでさえ、国民的かつ国際的な見方の両方を持つことが難しいのです。

では今度は、「World War II（第二次世界大戦）」について、異なる呼び方があるのを知っていますか？

ニック　ロシアでは、「The Great Patriotic War（大祖国戦争）」。

グラック教授　そのとおり。

スペンサー　アジアでは、「The Greater East Asian War（大東亜戦争）」「The Fifteen Years War（十五年戦争）」「The Pacific War（太平洋戦争）」「The Asia-Pacific War（アジア太平洋戦争）」と呼ばれています。

グラック教授　太平洋戦争というのは、戦後日本で使われている言葉ですね。日米戦争と言われることもあります。ほかには？　中国では何と呼ばれていますか？

ニック　「The War of Japanese Aggression」？

グラック教授　「The Anti-Japanese War of Resistance（抗日戦争）」。戦後70周年の２０１５年、習近平国家主席はこの名称に「and the World Anti-Fascist War（世界の反ファシズム戦争）」という言葉を付け加えました。フィンランドでは「Continuation War（継続戦争）」と呼ばれています。フィンランドにとっては、「Winter War（冬戦争、１９３９年にソ連がフィンランドを侵攻した第一次ソ連・フィンランド戦争、１９３９年11月〜１９４０年３月）」に続いて再開されたソ連との戦い（第二次ソ連・フィンランド戦争、１９４１年６月〜１９４４年９月）だったからです。中立国でありながら反イギリスの立場が強かったアイルランドでは、「The Emergency（非常事態）」です。

ニック　イギリスでは何と呼ばれているのですか。第一次世界大戦は「The Great War（大戦争）」ですよね。

グラック教授　アメリカ人は何と呼びますか？

ニック　「World War II（第二次世界大戦）」

グラック教授　イギリス人の呼び方も同じです。フランス人とオランダ人も同じ。西欧と北米では、「第二次世界大戦」と呼ばれています。枢軸国のドイツとイタリアも同じです。日本ではいくつかの呼び方がありますね。これらは全て、国民の物語です。

白黒物語

グラック教授　では今度は、こうした国民の物語がどのように作られているのか、ということをお話ししたいと思います。

　これら戦争の物語は、言葉だけではなく記念碑や記念館、映画、ビデオゲームなど、さまざまな形で語られます。私はもともとの戦争のストーリーを「白黒物語」と呼んでいるのですが、これらはほとんど全てが戦時中か、もしくは終戦直

では、今日の内容について質問がある人は?

ヒョンスー　白黒物語について、その日本バージョンについてですが、それが何なのか、靖国神社の隣にある遊就館を訪れるとよく分かります。英雄のような日本が、東南アジアを西欧による支配から解放したと。

グラック教授　そうなのです。遊就館というのは、靖国神社の境内にある愛国主義的な施設で、2002年に改装されました。伝えているのは軍部の視点や、カミカゼなど犠牲になった英雄たちの視点です。これらは日本で語られる戦争のメインストーリー、つまり被害者としての国民の記憶とは違います。そうなると次の質問は、日本でナショナリズムの高まりが見られる今、こうした物語は以前よりも主要な位置を占めそうか、ということです。日本では、国民は指導者たちの犠牲になった、という1945年生まれの物語が（変わったところもありますが）ずっと戦争の記憶を支配してきました。

共通の記憶は、常にポジティブな方向に変わるわけではありません。これについては最後の回でお話ししますが、ナショナリズムの風が吹き荒れるなか、韓国、日本、中国がどこに向かうか分からないからです。重要なのは、実際には一国の中でさえ「一つのストーリー」というのはあり得ないということです。

なぜなら、多くの人々の戦争体験が違いすぎてどうしても抜け落ちてしまうからです。それは、単純で唯一の白黒物語に含まれていない人々にとってフェアではないでしょう。日本国民は日本の指導者たちの被害者だったという物語からは、戦争に反対した人もいたかもしれないという話だけでなく、国のために戦って死んでいったカミカゼ特攻隊のような兵士の話も抜け落ちています。より完全かつ複雑な物語であれば、こうした話もメインストーリーに組み込まれるはずでしょう。

日本は東南アジア諸国を植民地支配から解放する「英雄」だったという筋書きは、史実とは異なります。つまり、日本は帝国を拡張する目的で、仏領インドシナ、蘭領東インド、英領マレー、ビルマを侵略しました。日本が、これらを独立させようとしたのは日本率いる大東亜共栄圏への傘下入りが目的でした。

では、どうすればより複雑で正確な第二次世界大戦についての共通の記憶を持つことができるのでしょうか。国民の物語であり、かつ国境を超える物語。考えなければならないことはたくさんありますね。

時間が来てしまいました。最後に皆さんに感謝したいと思います。記憶についての素晴らしい対話を、ありがとうございました。

＊国名・民族名などは一部の例外を除き、当時の名称を使用している。

第1回の講義を終えて

――「パールハーバー」と聞いて何を思い浮かべるかという質問に対し、あるアメリカ人の学生が「奇襲攻撃《サプライズ・アタック》」と言い、別のアメリカ人学生は「だまし討ち《スニーク・アタック》」と答えた。2人の答えの違いはどこにあるのでしょうか。

グラック教授　2人の答えが示しているのは、歴史家が書いた「歴史」と、そして「共通の記憶」――大衆文化やマスメディア、国家の式典や政治家のスピーチなどによって伝達されるもの――の違いだ。歴史家は日本による真珠湾攻撃を「奇襲攻撃」と正確に描写するかもしれないが、1941年12月7日に生きていたアメリカ人にとって「だまし討ち」とは、アメリカを国家防衛と戦争に駆り立てた感情やショック、日本に対する敵対心を表現する言葉だった。このネガティブな言葉は、その後も長きにわたって残り続けていた。

どの国にもそれぞれ、戦争中か、もしくは終戦直後に作られた影響力の強い

「戦争の物語」がある。「共通の記憶」として長い間社会で受け継がれていくものもあれば、時間とともに変わるものもある。変わったものの例としては、ホロコースト、南京事件、慰安婦。一方で、原爆の記憶は、日本とアメリカの双方で1945年からあまり変わってはいない。パールハーバーについては、第1回の講義に参加していた若い世代のアメリカ人たちが持つ記憶は、1941年当時のものとは確かに違っていた。

彼らがそれを「だまし討ち」と呼んだとしても、そこからは「反日」という意味合いが抜け落ちているようだ。その印象は歴史書から得たものではなく、共通の記憶が長い年月の中で変わってきた結果だ。

――真珠湾攻撃から50周年の1991年、あなたは『ニューズウィーク』に寄稿したコラムで次のように書いていました。「開戦を思い起こすことなしに終戦を回顧することはできず、戦争を思い起こすことなくして平和を語ることはできない」。2016年、安倍首相がパールハーバーを訪問した今、日本人は真珠湾に向き合っていると思いますか。

グラック教授　日本人はこれまで長年、戦争を終わらせた原爆と降伏という１９４５年の終戦を記念し続ける一方で、１９４１年のパールハーバーという（太平洋戦争の）始まりにはそれほど関心を向けず、さらにこの戦争の本当の始まりは１９３７年、中国においてであるという点には全くと言っていいほど注意を払ってこなかった。２０１６年12月、ハワイで安倍首相とオバマ大統領は繰り返し「和解」という言葉を使っていたが、彼らのスピーチの核心は第二次世界大戦について以上に、今日の日米関係についてだった。

――日本人が開戦を思い起こすことなしに「和解」はあり得るのでしょうか。

グラック教授　アメリカとは可能だろうが、中国とは現時点では可能ではないだろう。日本では、真珠湾を攻撃してアメリカとの戦争が始まり、原爆が投下されて戦争が終わったと認識されている。それは、「太平洋戦争」という言葉に集約されているだろう。「パールハーバーからヒロシマまで」というのは、アメリカによる日本占領期に日米が共同で作り上げ、日米同盟によってその後何十年も支えられてきた物語だ。

だがこの物語には、中国との戦争が欠けている。日本の共通の記憶には、19 37年の盧溝橋事件から始まった日中戦争について、よく知られ広く語られる歴史が含まれていない。もしかするとこれが、一部の著名な日本人でさえ、日本によるアジア侵略と南京事件を否定できる理由なのかもしれない。日中戦争は、日本が語る第二次世界大戦の物語に含まれていないからだ。

一方でパールハーバーを「否定」しようとする人がほとんどいないのは、それがまさに日本人が非常によく知っている物語の始まりだからだろう。

では原爆についてはどうなのか。今もほとんどのアメリカ人が原爆投下は間違いだったとは考えないなか、日本人は長い間「二度と繰り返さない」という記憶を持ち続けてきた。アメリカはなぜ核戦争時代に突入するきっかけとなった戦時中の自国の行為に向き合う必要に迫られないのか。この現象については第2回の講義で話すことにしよう。

コラム1【パールハーバー】

アメリカ人にとってパールハーバーとは、日本とドイツに対する戦争、つまり第二次世界大戦の始まりを意味した。一方、日本人にとっては、真珠湾攻撃とは、太平洋戦争の始まり、つまりアメリカに対する戦争の始まりを意味した。実際に、アメリカは1941年12月7日に真珠湾が攻撃された翌8日、日本に宣戦布告。12月11日にはドイツがアメリカに宣戦布告し、アメリカも同日に対独宣戦布告を行った。

だが戦争とは、ある一日、もしくはある一つの出来事によって始まるものではない。たとえ当時はそのように見えていたとしても、「開戦日」や開戦のきっかけとなる出来事には、常にそれに先立つ歴史がある。「プレ・ヒストリー」とも言うべきこの道のりは、多くの場合は長きにわたり、非常に入り組んでいる。

パールハーバーに先立つ歴史には、日本国内の政治と経済や、大日本帝国、アジアにおける拡張路線、日米関係、欧州各国間の関係、1930~1940年代における世界情勢と勢力図が含まれる。第二次世界大戦が「世界」大戦と呼ばれるのは、その背景にこのように複雑な国内的、地域的、かつ「グローバルな幾何学」があればこそなのだ。

まずは、１９４１年12月７日の真珠湾攻撃に最も直接的に結びつく要因を見てみよう。日本軍はなぜ、真珠湾でアメリカを攻撃したのか。日本は、中国とアメリカの双方向に対して二面戦争を始めたかったわけではない。実際は逆で、日本は中国での戦争が原因で真珠湾を攻撃したのである。中国との戦争は１９３７年の開戦以来、勝利の見通しが立たないまま長期化しており、日本の指導者たちにとってはすべてを懸けた戦いとなっていた。この戦況を好転させるため、日本は１９４０年に仏領インドシナに南進した。これがアメリカを対日経済制裁の強化に駆り立て、最終的には１９４１年８月の対日石油禁輸に至る。日本が１９４１年12月に真珠湾を攻撃したのは、中国との戦争遂行のため、資源の豊富な東南アジアに南進する際に、アメリカが邪魔するのを防ぐためだったのだ。

当時、日本と中国、そして東南アジアの欧州植民地は「戦争のトライアングル《三角形》」を成しており、日本は外部勢力であるアメリカを脅威と見なしていた。

しかしなぜアメリカは、１９３９年に日米通商航海条約を破棄して以後、１９４１

年の石油禁輸措置に至るまで、日本に対して経済制裁を強化するのにこれほど時間がかかったのか？　アメリカは１９３０年代を通じて日本による中国侵略を非難していたし、日本が北進してソ連を攻撃する、あるいは南進して仏英蘭の植民地を侵略する事態を懸念していた。単純な答えを言えば、アメリカは日本との戦争を誘発したくなかったからだ。それも事実ではある。とはいえ、もっと複雑な答えは、ルーズベルト米大統領がアジア情勢よりも、イギリスや大西洋、ソ連に対するナチスの脅威をより懸念していたからだ。

　このような「グローバルな幾何学」が、戦争の七角形《ヘプタゴン》という複雑な構図で争われる世界戦争を生んだ。「七角形」とは、ドイツ、アメリカ、イギリス、ソ連、資源豊富な東南アジアの欧州植民地諸国、中国、日本を指す。

　要するに、真珠湾攻撃に至るまでに下された数々の決定は、日米のみに関わることと同じくらいかもしくはそれ以上に、中国やイギリス、ソ連というほかの国に大きな関係があった。

　第二次世界大戦の要因をさらに大局的な視野で考えてみると、歴史に影響を及ぼす

2 「戦争の記憶」はいかにして作られるのか

OPERATIONS OF MEMORY

「共通の記憶」のありか

グラック教授　第1回の講義では、「戦争の物語」というのは加害者と被害者がはっきりしている、シンプルな白黒物語であるとお話ししました。その物語は戦時中か終戦直後に作られて、その後も長い間語られ続けると。この白黒物語はなかなか変わらないのですが、それでも場合によっては変わることがあります。

では、どのようにしてその変化が起きるのでしょうか。私はこれを、「記憶の作用《オペレーションズ・オブ・メモリー》」と呼んでいます。今日は、この「記憶の作用」についてお話ししたいと思います。

前回は「共通の記憶」――国民、地域、集団などが共有する過去についてのイメージや物語――がどのようなものかについてお話ししましたが、では、そもそも「共通の記憶」とは、どこにあるのでしょうか。それについて知りたい、だから探そうというとき、まず何を思い浮かべますか。

ディラン　ミュージアム。

グラック教授　ミュージアム、そうですね。ほかには？

スコット　映画。

トム　記念碑。

ユウコ　小説。

グラック教授　映画と小説は同じカテゴリーに入りますね。ほかに、何が戦争の物語を伝える手段となるのでしょうか？

ニック　家族の中で、その出来事に関わった人。

グラック教授　個人の記憶で、自分自身で体験して、覚えている人ということですね。

スペンサー　陸軍や海軍など、ある組織の記憶というのもあると思います。政府機関も共通の記憶を伝えているのではないでしょうか。

グラック教授　組織と言っても、いま挙げてくれたのは公的機関です。まさに、政府には彼らが伝える物語があります。

ミシェル　メディアはどうでしょう。

グラック教授　メディアが語ることはたくさんありますね。この企画もその一つでしょう。ほかにはありますか。

スコット　何らかの団体？

グラック教授　政府機関とは別の団体もそうです。こうしたグループには、多くの場合、何らかの立ち位置があります。地域性がある場合もあります。例えば、戦時中にフィリピンで「バターン死の行進」を歩かされたアメリカ人の中には州兵もいて、ニューメキシコ州やウィスコンシン州など、特定の地域から来ていた人が多かったのです。こうした場所では、今でもバターン死の行進についての記念式典を行っています。記憶について、全国的なものか、特定の場所あるいはグループのものなのか、規模を分けて考えることもできますね。ほかには?

トニー 退役軍人たち。

グラック教授 これは非常に重要です。理由は明らかですよね。彼ら自身が戦争を戦い、体験したのですから。退役軍人と、例えば遺族会のような当事者の家族も含めることにしましょう。

政治的議論が決めた9・11ミュージアムの展示

ヒョンスー(仮名) ユネスコ(国連教育科学文化機関)などの国際機関。

グラック教授 国連の専門機関であるユネスコ。こうした国際機関のほかに、多国籍の機関というのもありますね。

ではここで、最初に出た答えに戻ることにしましょう。「ミュージアム」と答えたディランに質問です。ミュージアムと言うとき、どのミュージアムを思い浮かべますか。

ディラン　名前は分かりませんが、日本には戦争の記憶を伝えるミュージアムがあるのですよね？

グラック教授　名前を知っている人もいるかもしれませんね。スペンサーはどうでしょう。

スペンサー　靖国神社にある……。

グラック教授　遊就館。それに、昭和館（東京都千代田区にある、戦中・戦後の国民生活資料を収集・展示している国立博物館）。戦争の記憶とは違いますが、２０１４年にオープンした

ク戦争の「後」もありません。これは、歴史の足りない記憶と言えるでしょう。
共通の記憶を「公」のものとしようとする際に、ミュージアム側がこのような妥協をしなければならないことは多いです。9・11ミュージアムは時間の経過とともに、伝える物語を変えていくでしょう。テロ事件の背景のほかにも、あまり触れられていない点があります。ツインタワーで犠牲になった人たちはどこから来ていたのでしょうか。

ニック ほかの国から。

グラック教授 そうです。9・11は実際にはアメリカだけの物語ではないのです。しかしアメリカ本土への攻撃という点で即座にパールハーバーと結び付けられたために、その物語は戦争の物語と同じような「アメリカの物語」として語られることになりました。
この点も、いつか変わるでしょう。

日系アメリカ人の物語が認知されるまで

ダイスケ ロサンゼルスにある「全米日系人博物館」が伝える物語はどうでしょうか。

グラック教授　いい質問ですね。
　この博物館は、「Japanese American National Museum」と言います。「ナショナル」という言葉が入っていますが、政府が設立した博物館かと言えば、違います。これは国立の博物館ではありません。ですが、別の意味で国民の博物館と言うこともできます。設立するまでに長い時間がかかったのですが、なぜそれほど時間を要したのでしょうか（１９８５年に私立の非営利団体として発足し、ロサンゼルスの西本願寺で展示を開始後、１９９２年に現在の新館を開館）。
ダイスケ　ロナルド・レーガン大統領が戦時中の日系アメリカ人の強制収容について公式に謝罪をして……。
グラック教授　それはいつでしたか。
ダイスケ　１９８８年です。
グラック教授　はい、そうです。日系人の歴史、戦争中の強制収容所、「４４２」（日系人を集めて作られた陸軍第４４２歩兵連隊のこと）の功績などについて伝えるための博物館です。
　全米日系人博物館が設立された理由の一つは、それまで日系アメリカ人がアメリカのシンプルな戦争の物語には含まれていなかったからでした。現在は「442」の名前はかなり知られていますが、もともと、「442」はアメリカの戦争の物語には含まれていませんでした。

つまりこの博物館を設立する過程は、戦争の物語の一部として日系人の強制収容所と「442」などを認知させるための、40年以上の歴史の積み重ねだったのです。

その結果の一つが1997年にワシントン中心部の国立公園ナショナル・モールにある国立アメリカ歴史博物館の中に、日系アメリカ人についての展示が設けられたことでした。日系アメリカ人の強制収容によって合衆国憲法が保障すべき彼らの人権を侵害した、という歴史が博物館に刻まれました。こうした日系人の運動がなければ、ワシントンでの展示もレーガン政権下での謝罪と補償法成立も、おそらく不可能だったでしょう。国として、日系アメリカ人の物語を認知したということですね。

ワシントンには、「日系アメリカ人の第二次大戦中の愛国心を記念する碑」もあります。それはどこにあるでしょうか。

数人　ナショナル・モールの中ですか。

グラック教授　いいえ、実は違います。日系人たちはナショナル・モールに設置したかったのですが、叶わず、近くの公園に設立されました。ベトナム戦争戦没者慰霊碑、朝鮮戦争戦没者慰霊碑、第二次世界大戦記念碑などとは違って、2000年に設立された「日系アメリカ人の第二次大戦中の愛国心を記念する碑」は、ワシントンにある愛国心の聖地であるナショナル・モールにはありません。そのため、他の記念碑に比べてはるかに目に留まりにくく、訪れる人もとても少ないのです。

「記憶の領域」には四つの種類が存在する

グラック教授　私は、共通の記憶が語られ、表現される場のことを「記憶の領域《テレイン》」と呼んでいます。この領域には四つの種類があって、一つ目の領域は、皆さんが言ったように政府を含む公的機関によるもの、つまり「オフィシャルな（公的な）領域」です。ワシントンにある国立アメリカ歴史博物館は、「国立」なのでこの領域に属します。日本には、第二次大戦について伝える国立の博物館がありますか。

スペンサー　日本にある昭和館は、政府が設立したものですか？

グラック教授　そうなのです。設立が決まってから開館するまで実に20年もかかりました（1999年開館）。昭和館は博物館について考える上でいい例です。国立の博物館というのは、何を展示するかについて複雑で政治的な合意が必要になります。靖国神社に併設されている遊就館は国立ではないので、昭和館と違って国会などは関係ありません。

では、昭和館には何が展示されているのかと言えば、モンペや台所用具などです。モンペ姿の女性たちというのは、国内戦線を戦う苦難の象徴の一つでした。つまりこれは、日本国内における戦時中の物語です。昭和館には前線で戦う兵士から家族に宛てた手紙などもありますが、戦争の博物館でありながら、戦争の本当の要素は少ないほうです。

9・11ミュージアムは国立ではありませんが、市の資金がたくさん入っていたので伝える内容を決めるのに同じように政治的なプロセスを踏みました。9・11ミュージアムにテロリストについての展示がほぼないのと同様に、昭和館からは戦闘の歴史的要素がほとんど抜け落ちています。そのどちらも、何を伝えるかについては残された家族、つまり9・11犠牲者の遺族、あるいは日本の遺族会が重要な役割を果たしました。

さて、オフィシャルな記憶の領域には、国立博物館や学校で使う教科書、国家の式典も含まれます。では、戦争に関連する公式の式典にはどのようなものがあるでしょうか。

スコット 降伏を記念する式典でしょうか。

グラック教授 現在、アメリカ戦艦ミズーリ上での降伏を記念しているのはどこの国でしょうか。それはいつでしたか?

ユウコ 8月15日、日本でしょうか。

ユウコ

グラック教授 戦艦ミズーリ上で降伏文書に調印したのは、8月15日だったでしょうか?

8月15日には、何が起きたでしょう。

ユウコ 昭和天皇が玉音放送で日本の降伏を伝えました。

グラック教授 はい、そうです。1945年8月15日正午。これが、日本が終戦記念日として式典を行う日です。ほかに、日本が全国的に記憶するのはいつでしょうか。

スペンサー　ヒロシマ。

グラック教授　ヒロシマですね。広島に原爆が投下された8月6日と、終戦日である8月15日。戦争が始まったときではなく終わったときを記念しています。では、戦艦ミズーリ上で日本が降伏文書に署名した1945年9月2日を記念しているのはどの国でしょうか。

ダイスケ　イギリスなど、アメリカの同盟国でしょうか。

グラック教授　それはもっともな想像ですが、面白いことに、違うのです。

コウヘイ　中国など、アジアの国々でしょうか。

グラック教授　2014年になって、中国の習近平国家主席は降伏文書調印の翌日である9月3日を「抗日戦争勝利記念日」という記念日に定め、戦後70周年を迎える2015年には大規模な式典が行われました。

習は2014年にもう一つ、この戦争についての国家の記念日を付け加えています。（1937年に起きた）南京事件を追悼する日として、12月13日を国家哀悼日に指定したのです。つまり戦争が終わって70年もたってから、反日的な記念日が二つもできたということです。

国家の式典のほかにオフィシャルな領域に属するのは、政治家による発言です。2015年8月15日の安倍晋三首相や、同年9月3日の習近平主席によるスピーチがその例です。これらは政治的なスピーチであるとともに、その国の戦争の物語でもあります。

あるいは、日本の政治家が南京事件を否定するなどして、国際関係上のいわゆる「歴史問題」になるのもこの領域の一つの例です。しかしながら、オフィシャルな領域とは、実際には、共通の記憶にとって最も重要な領域ではありません。

理由をお話ししましょう。前回の講義で、「パールハーバーと聞いて何を思い浮かべますか」と聞いたときの答えを覚えていますか？　そのとき、皆さんの誰一人として口にしなかったフレーズがあります。アメリカ政府がこれまで繰り返し使ってきた最も有名な言葉で、つい先日、トランプ大統領も12月7日（米国での真珠湾攻撃の日）に公式声明の中で引用していました。フランクリン・ルーズベルト大統領が1941年に語った、「非道が行われた日として長く残り続けるであろう（a date which will live in infamy）」という言葉です。

これはオバマ大統領も使った言葉ですが、オフィシャルな領域に属するこのフレーズが、前回の講義では若い世代の皆さんの口からは出てこなかった。それ自体が、記憶の領域として最も重要なのは必ずしもオフィシャルなものではないということを示しています。

「共通の記憶」の中の最も重要な領域

グラック教授　では次に、二つ目の「記憶の領域」についてお話しすることにしましょう。「パールハーバー」と聞いて皆さんが思い浮かべたものの多く——つまり、映画や小説、メディアなどが含まれる領域についてです。私はこれを「民間の領域《ポピュラー・テレイン》」と呼んでいますが、この領域が、私の研究によれば共通の記憶について考える上で最も重要です。人々が過去について考えるとき、政治家の言葉よりも、国立博物館が伝えようとすることよりも、民間の領域に属するものを思い浮かべることのほうが多いからです。

パールハーバーと聞いて「学校で習った」と答えた人でさえ何を習ったのか自体は覚えておらず、その後に見た映画『パール・ハーバー』（２００１年）は覚えていたように、この領域は非常に重要な影響を及ぼしています。私たちには、民間の領域に属する、いわゆる「大衆文化」の消費者であるという側面があります。

では、大衆文化の中で、戦後70年以上の間、第二次大戦に関する共通の記憶に影響を及ぼしてきた媒体とはなんでしょうか。

スコット　映画でしょうか。

インニャン　テレビでしょうか。

グラック教授　そのとおりです。写真から始まり、次は映画でしたが、その後はテレビがこうした情報を伝える上で最も影響力が大きいと言えそうです。ドキュメンタリー番組というより、ドラマなどです。

現在の中国では、テレビがこうした媒体となっていて、ここ数年は大勢の人々が日本の残虐行為を映し出すドラマを見ています。テレビを含め視覚的イメージを映し出す媒体は、非常に影

インニャン

響力が大きいです。
ではいま現在、「民間の領域」でテレビに代わって情報の媒介物となっているのは何でしょうか。

トム　インターネットだと思います。

グラック教授　はい。今はインターネットが、共通の記憶の作り手として多くの人々の情報源になっています。いわゆる「デジタルの記憶」の時代ですね。テレビと違ってインターネットやソーシャルメディアの情報はより細分化されているため、それらの情報が共通の記憶に及ぼす影響もテレビとは違っています。

新聞が自己検閲を行うとき

ダイスケ　もしかすると、オフィシャルと民間の両方の領域に入るのかもしれませんが、（「記憶の作り手」として）新聞はどうでしょうか。朝日新聞による慰安婦報道がありましたし、元新聞記者の中には世の中に対する発言力がある人が多いような気がします。

グラック教授　とてもいい質問ですね。皆さんに聞いてみましょう。新聞は、オフィシャルな領域と大衆文化のどちらに属するでしょうか？　朝日新聞は政府の新聞でしょうか。

スペンサー　（朝日新聞は）ＮＨＫとは違うと思います。

グラック教授　日本には政府が発行する新聞というのはありますか？

数人　ノー。

グラック教授　右派の新聞というのはありますか。

数人　イエス。

スペンサー

グラック教授　そうですね。中国には官製の新聞があるので、これはオフィシャルな領域に属しますが、日本には官製の新聞がないので、オフィシャルな領域には属しません。では、新聞にとって何が重要でしょうか。

スペンサー　まずは、読者数だと思います。さらに、新聞というのはある会社や機関の傘下にあるので、自己検閲することがあると思い

記憶を変化させる力

グラック教授　ここまでは「記憶の領域」についての話でした。

では次の質問は、「記憶の変化はどこから起きるのか」ということです。政府からかと言えば、多くの場合そうでもありません。戦争の記憶をコントロールしようとしている国家、例えば中国でさえ、大きな力を注いだとしても、実際にはコントロールできない場合があります。

そして、今まで答えてくれたように、学校が記憶を支配することもありません。皆さんが覚えていることは、教科書よりも映画などの影響を受けていたでしょう。

では、記憶の変化はどの方向から来るのでしょうか。

ヒョンスー　歴史家でしょうか。

グラック教授　そうだったらいいでしょうけど、実際にはそうではないですね（笑）。記憶の変化は政府、学校、歴史家でなければ、どこから生まれるのかと言えば、二つの方向性が考えられます。

一つは、先ほどお話しした「記憶の活動家」たちによる「下からの」、つまり政府からではなく社会からの刺激です。「自分のことを忘れないでほしい」という訴えです。もう一つは、「外から」という方向性です。つまり国際関係の枠組みでの政治的な圧力、あるいは国外にある主張が記憶に影響を与えようとするのです。

例えば、ホロコーストについて世界のユダヤ人が、慰安婦問題について韓国系アメリカ人やカナダ人が、また第一次大戦期のアルメニア人虐殺について世界に散らばるアルメニア系が、ほかの国の記憶を変えようと圧力をかけてきました。これは外からの、多国籍による圧力ですね。記憶を変える二つの方向性が見えてきました。

では、記憶の変化を理解するために必要なもう一つの要因を考えてみましょう。記憶を変化させ得るきっかけがあるとしたら、何だと思いますか。

トニー　別の戦争ですか。

グラック教授　別の戦争。そうでしょうね。

ダイスケ　時代、という意味での「時」でしょうか。

グラック教授　時、ですね。なるほど。今、2人が挙げてくれたことはどちらも正解です。それに加えて、記憶が変化する際の直接的な理由は、政治です。記憶に変化が起きる決定的な要因は、国内政治と国際政治です。

クロノポリティクス――現在が過去を変える

グラック教授　どなたか、共通の記憶が変化する上で政治が影響を及ぼした例を思い付きますか？　例えば、中国では第二次大戦についての共通の記憶がどう変化したのか知っていますか。

ダイスケ　鄧小平がきっかけだったでしょうか。

グラック教授　そのとおりです。では、鄧小平以前の毛沢東時代に中国で伝えられていた抗日戦争の物語はどのようなものか、知っていますか。

ダイスケ　あのような戦争を生み出したのは、日本の軍部だったと。ですが、毛沢東が死去した後は、それが変わって……。

グラック教授　そうですね。毛沢東時代には、日本の戦争の物語と似たようなストーリーが伝えられていました。つまり日本の国民でなく軍部の指導者たちが起こした戦争だと。

ですが毛沢東が死去してから、変化がありました。１９８２年には日本で歴史教科書問題が勃発しました（当時の文部省が高校の日本史教科書の検定において中国への「侵略」を「進出」と書き改めさせたという報道に対して、中韓が抗議した問題）。

戦後40周年となる1985年には、中国に南京大虐殺記念館がオープンしました。1980年代に、中国の共通の記憶の中で「抗日戦争」がしだいに大きな存在を占めるようになったのです。その政治的な理由は何だったと思いますか。

ミシェル　国民のエネルギーを、政府に対してではなくほかのことに向けさせるためでしょうか。

グラック教授　その目的は何だったのでしょう。

スコット　（毛沢東時代の）文化大革命が原因でしょうか。

ダイスケ　民主化も理由の一つだと思います。

グラック教授　そのとおりですね。これは、毛沢東後の権力政治でした。中国政府は、国内の結束力の低下や抗議が巻き起こる事態を懸念していました。1989年には何が起きましたか。

スコット　天安門事件です。

グラック教授　そうです。つまり、記憶に変化が生まれたのは、毛沢東後の国内政治

にとって心地よい太平洋戦争の物語を作り上げました。その物語が戦後の日本の占領政策を支えていたという意味では、アメリカにとって都合が良かったですし、その物語が新たな「はじまり」として戦後に重きを置いている意味では、日本にとっても都合が良かった。もちろん、そこから抜け落ちたのが、中国との戦争です。

日米は戦争の記憶について迅速に対処しました。どうしたかというと、記憶を凍結させました。この氷は冷戦中は日米同盟によって支えられていたので、国内政治的にも国際関係上も、凍らせた記憶を溶かす必要はありませんでした。

一方で、西ドイツの記憶が変化を迫られたのには国際関係上の要因が重要でした。冷戦時代に突入したために、西ドイツはそれまでは敵国だったフランスと協調していかなくてはなりませんでした。NATO（北大西洋条約機構）や、EU（欧州連合）の前身であるEC（欧州共同体）などに加盟したこともあって、西ドイツは侵略戦争の記憶について外から政治的圧力を受けていたのです。ホロコーストの記憶についても、外からの道徳的圧力がありました。

皆さんがドイツの記憶についてどれくらいご存じかは分かりませんが、西ドイツにはいわゆる「68年世代」と呼ばれる人々がいました。彼らは、国内の保守主義に対抗して生まれてきた存在です。過激で政治的な運動の一環として、彼らは自分の父親に真正面から向き合い、「お父さん、戦時中に何をしたの」と問いただしたのです。これは西ドイツの記憶にとって一つのターニングポイントになったと言われています。

自民党の下野と「歴史の記憶」の変化

グラック教授　1968年には日本でも学生運動がありました。ではなぜ、日本では戦争の記憶にターニングポイントがなかったのでしょうか。

ヒョンスー　西ドイツには外からの圧力があった上に、国内ではさまざまな党が権力争いをするなかで、社会主義的な党が力を持って元ナチス党員を糾弾しました。一方で日本ではずっと自民党政権が続いていたので、政治的な変化がそれほどなかったのかもしれません。

グラック教授　そのとおりです。1968年の翌年に西ドイツでは政権が代わり、そして同じ年に体制への抗議運動があったフランスでも、結局、翌1969年に政権が代わりました。日本の場合、自民党政権が続き、そして、戦争についての記憶も凍り続けました。それでは、38年間与党だった自民党が下野した1993年に何が起こったと思いますか。

コウヘイ　河野洋平（内閣官房長官）が公式に謝罪しました（慰安婦問題に関心が集まるなか、宮澤喜一内閣が日本政府の関与について調査した上で、1993年に慰安婦の募集・管理について強制性を認め謝罪する「河野談話」を公表）。

グラック教授　自民党の河野が謝罪したのは慰安婦についてでしたが、1993年に政権交代した後は、自民党ではない首相たちが侵略戦争そのものについてアジアに対して謝罪を行いました。また、2009年に民主党が政権を取る直前、後の鳩山由紀夫首相は「靖国神社に参拝しない」と宣言しました。2012年に自民党が再び政権を取ると戦争の記憶も元に戻りそうに見えましたが、実際には不可能でした。

それでは、日本の「太平洋戦争」という物語に疑問符が付き、それが崩れ出したのはいつだったでしょうか。

ダイスケ　1980年代にアジアから声が上がってきたときではないでしょうか。

グラック教授　そのとおりです。1989年に冷戦が終わって以降、日本は戦争についての共通の記憶に対処せざるを得なくなってきました。なぜなら、中国の台頭によって、日米同盟のほかにアジアとの関係をも考慮する必要性が増したからです。

つまり、国際関係が変化した結果、日本はアジアとの戦争の記憶にも直面することになりました。冷戦中のヨーロッパの国際関係はドイツの記憶に影響を与えましたが、冷戦後のアジアの国際関係は日本の戦争の記憶を変化させ始めました。

一方でドイツでは、1990年の東西ドイツの統一が戦争の記憶に衝撃を与えました。東西ドイツにはそれぞれの物語が存在していたのですが、西ドイツの記憶はナチスとホロコーストに支配され、東ドイツの記憶はソ連の物語と同様、ずっと「反ファシズム」を貫いていた、というものだったからです。統一後のドイツは、一つの戦争の物語を作る必要に迫られました。

ではどうしたかというと、東西ベルリンにあった国立歴史博物館を「改装」のために閉鎖しました。ドイツの歴史博物館が戦争の記憶を一つの物語として展示できたのは、2005年になってからだと言えるでしょう。最終的には、終戦までは一つの物語に、戦後は二つの展示室に分ける、という道を採ったのです。

この第2回の講義は、共通の記憶が変化する場合、その変化はどこからくるのか、記憶の領域、記憶が変わる方向性に加えて政治の文脈という観点からお話ししました。

次回はこの「記憶の作用」の例として、慰安婦の記憶を取り上げたいと思います。よろしくお願いします。

第2回の講義を終えて

――第2回の講義の中で、人々の記憶を理解する上でのメディアの重要性を指摘していました。戦争についての「共通の記憶」の形成に、メディアはどう影響しているのでしょうか。

グラック教授　この質問は、二つの意味で重要だ。第一に、これまでの世界中の研究から、人々が自国の過去について考える際に、マスメディアというのは映画やビデオゲームなどと同じく、教科書以上に主要な情報源の一つであることが分かっている。戦争についての見方というのは、学校で習ったことより、最近見た映画や雑誌などを通じて知る議論に影響されやすい。

第二に、メディアは歴史を操作したり歪曲したりしているなどと批判されることが多い。その際に、あたかもメディアが社会や政治や価値観の変化による影響を受けず、メディア自体が過去や戦争についてのイメージを自由に作り出しているかのように言われている。
しかし実際には、メディアはこれらの理解の作り手であると同時にその産物でもある。メディアとは言葉どおり、多くの場合は記憶の「ミディアム（伝達手段）」であって、記憶を操作する存在ではない。
メディアそのものが細分化され、ソーシャルメディアが拡散している今日、メディアの影響力は集合体としての「マス」ではなく、自分と似通った考えを持つ閉ざされたコミュニティーに、より届きやすくなっている。自分で選んだグループは他のグループとは対話しないため、戦争の記憶をめぐる対立は、多国間はもとより国内でも一層激化していると言えるだろう。

――四つの記憶の領域のうち「個人の記憶」について補足して下さい。戦争を体験した人々が覚えていることと、実際に起きたことを、どうしたら見分けられるのでしょうか。

グラック教授　厳密に言えば、過去のことを思い出すのは個人だけだ。つまり、共通の記憶についての議論は全て、個人の記憶をメディアや大衆文化、公的なスピーチなどで表現される戦争観に結び付けて考える必要がある。脳科学者によれば、私たちが「ある記憶」について思い出すとき、それを倉庫のようなところから引っ張り出してくるのではなく、思い出そうとするたびに脳の中の多様な部分からさまざまな要素を引き出してきて記憶を「再構築」するのだという。

自分自身が体験したことについての記憶でさえ、年齢や心理状態、社会的背景、政治的な風潮や最近見た映画など、さまざまな要因によって無意識に影響を受けている。個人の記憶と実際にあったこととの間に直線的な結び付きがあるとは言えないだろう。

個人の記憶についてもう一つ言えるのは、ある個人が自分の戦争体験をよく覚えていても、それについて話さないということだ。例えば兵士であれば勝者側と敗者側の双方、ホロコーストの生存者や終戦時のベルリンでソ連軍に強姦された女性たちなど、戦争を体験した多くの人々は当時の暴力や恐怖について語ることをしなかった。

年が経ってから口を開く人もいるが、一生語ることのないまま亡くなる人もいる。後になって話し始める人たちは、自分の物語が社会に受け入れられるようになった、という共通の記憶の変化に反応して口を開くことが多い。個人の記憶とは、社会との関わりの中で成り立っているからだ。

戦争を体験したことのない世代の個人の記憶も同じように構築されるが、戦争そのものではなく、戦争について語られる物語を覚えている、というように、より非直接的な記憶になる。しかし、これら、いわゆる「ポスト・メモリー」も、戦争体験と同じくらいの力を持ち得るだろう。

――政治が記憶を変化させるとき、人々の歴史への見方も変わるのでしょうか。

グラック教授　太平洋戦争とは対照的に、日中戦争は国際政治が変化したことによって1990年代に日本の共通の記憶に組み込まれ、1995年頃には「アジア太平洋戦争」という言葉が使われるようになった。共通の記憶がもはや真珠湾から広島までという日米合作のストーリーではなく、少なくとも1937年から始まるように変わったことで、アジアにおける日本の侵略と戦時中の行為という、歴史についてのより幅広い知識が表に出るようになった。このように共通の記憶が変化していなければ、「歴史」は人々の沈黙下に埋もれたままになっていたかもしれない。記憶と歴史はいわば「協力者」のようなものだが、こと戦争に関するものに限って言えば、多くの場合は記憶が先を行き、歴史が後に続くようだ。

3 「慰安婦」の記憶

THE COMFORT WOMEN IN PUBLIC MEMORY

グラック教授　前回は「記憶の作用」についてお話ししました。通常はあまり変わることのないある国の「戦争の記憶」が変化するとき、その変化をどのように理解したらよいのかについて考えましたね。「記憶の領域」や「記憶が変わる方向性」「政治の文脈」という視点から、「共通の記憶」がどのようにつくられて伝達されていくのか、どのように変化するのかについて議論しました。

3回目となる今日は、「共通の記憶」について「慰安婦」をケーススタディーとしながら、さらに考察してみようと思います。現在、慰安婦について知らない人は少ないかもしれませんが、以前からそうであったかというと違います。つまり、本日お話しするのは、「慰安婦が共通の記憶に取り込まれるプロセス」についてです。

まずはこの質問から始めたいと思います。慰安婦について初めて耳にしたのはいつでしたか。

慰安婦問題が共通の記憶になるまで

トム　２０１４年頃、大学の学部時代に日本史の講義で初めて聞いたと思います。

グラック教授　その講義のテーマは、第二次世界大戦に関してでしたか。

トム　１６００年から第二次世界大戦の終わりまでという幅広い内容でした。

グラック教授　２０１４年でしたら、現代日本史の講義で慰安婦の話が出てくる可能性は十分にありますね。この頃までには、慰安婦の問題は共通の記憶としてたびたび取り上げられていたからです。それより25年前に大学に通っていたとしたら、慰安婦については習わなかったでしょう。ほかには？

ジヒョン　１９９０年代半ばだったと記憶しています。名前は覚えていませんが週刊誌で読んだと思います。私は韓国出身なのですが、１９９４年にインドネシアに移住しました。インドネシアで、購読していた韓国の雑誌で読んだような気がします。

グラック教授　そのことについて誰かと話をしましたか。それとも、自分で読んだだけですか。

ジヒョン　自分で読んだだけです。インドネシアでは慰安婦について特に一緒に話す人はいなかったので……。

グラック教授　分かりました。ほかには？

ニック　大学の学部時代に日本史と中国史のコースを履修していましたが、そのときには慰安婦については習いませんでした。ただ、家族と一緒に２０００年初頭に日本に移住して、ニュースの中で教科書問題について聞いた覚えがあります。この頃には、慰安婦よりも先に『ザ・レイプ・オブ・南京』（1997年、中国系アメリカ人作家アイリス・チャンによる南京事件に関する著作）や教科書問題のほうがメディアで論争を呼んでいたと思います。慰安婦問題は、それらに付随する形で出てきたような印象です。

グラック教授　2000年初頭に、メディアを通じて知ったのですね。アイリス・チャンの著作は1997年に発売されて、既に論争を呼んでいました。では他の人。慰安婦については、初めて聞いたのはいつでしたか。

ダイスケ　いい答えではないかもしれませんが、いつどこでだったか覚えていません。

グラック教授　なるほど。ずっと前から知っていたということでしょうか。いつ聞いたのかを覚えていないということは、覚えていないほど前から知っていたという可能性もありますね。高校を卒業したのはいつですか。

ダイスケ　2008年です。

慰安婦の「歴史」について知っていること

グラック教授　ありがとうございます。それぞれの答えから、皆さんが慰安婦について学校やメディアなどさまざまな文脈の中で耳にしてきたということが分かりました。では、慰安婦について皆さんが知っていることとは何ですか。これは「事実」に関する質問です。

クリス　慰安婦というのは朝鮮人女性に限った話ではなく、中国人女性もいた、ということ。慰安婦問題が政治化された後に、議論したり報道したり被害者を支援することに対して韓国政府が抑圧し、そのことが韓国における共通の記憶の形成に直接的な影響を及ぼしたということ。またそれが、何年も後になって被害者たちが証言する上でも影響したということです。

クリス

グラック教授　分かりました。ほかにはどうでしょうか。いま皆さんに投げ掛けているのは、「歴史」についての質問です。

スペンサー　アジアのいろいろな場所に、日本軍のためのいわゆる「慰安所」というものが

グラック教授　その考えはどこからきたのかについて、理解しようとすることが必要ですからね。アメリカの中学校や発声の先生は慰安婦について教えませんが、梨花女子大学校に通っていたとか、韓国系アメリカ人、というので説明は成り立つでしょう。では今度はもっと個人的な質問をしてみましょう。あなたは、慰安婦についてどう思いますか。知っていることではなく、慰安婦についての皆さんの見解を教えてください。

韓国から見た「慰安婦問題」

ヒロミ（仮名）　私の意見では、それは事実――実際に起きたことだと思います。そして、それに対して日本人は謝罪をしました。ですが、韓国政府はこの問題を政治の道具として利用している。韓国政府が何をしたいのかは分かりませんが、この問題を持ち出して、何かの交渉に使おうとしていると思います。彼らはこの問題を政治の道具に使っている――これが私の見方です。

グラック教授　ヒロミの慰安婦についての見方は、この問題は政治的に利用されているということですね。

（ジヒョンが手を挙げる）

グラック教授　はい、どうぞ。

ジヒョン　一般的な見方と、私個人の意見と、二つあります。韓国人が一般的に思うこととして、韓国人が大前提として求めているのは誠意ある謝罪です。ですが、彼らが本音の部分で最も求めているのは、一貫性です。

グラック教授　一貫性というのは、何についてですか。

ジヒョン　メッセージや態度です。

グラック教授　誰のメッセージや態度ですか。

クリス　日本人……。

ジヒョン　韓国人が日本人の謝罪を謝罪として受け入れない決定的な理由は、謝罪があった直後に、日本政府の誰かが違うことを言うからなんです。

グラック教授　つまり、日本人の態度に一貫性がないと言いたいのですね。

（ジヒョンがヒロミとコウヘイのほうに向き直って話し続ける）

ジヒョン　一貫性がないことが、韓国人をとても混乱させているのです。

ヒロミ　政府の役人も一貫性がないことを言っているのでしょうか。

ジヒョン　首相が言うこともありますし河野談話についても一貫性がありません。日本が慰安婦に補償したと言うのであれば、慰安婦問題が歴史的事実であると認める必要があります。ですが、多くの政治家がそれとは反対のことを言っています。

グラック教授　ヒロミとジヒョン、二つの立場がありますが、両方とも国際政治に絡んだ問題ですね。ジヒョン、もう一つの意見は何ですか。

ジヒョン　これは私個人の意見で、一般的な見方ではないのですが……。もちろん、日本も韓国もこの問題を政治的手段として利用しているところがあります。でも、それはある意味当たり前だと思います。政治家というのは常にそうするものなのですから。

一方で、この問題がなぜ一向に解決しないのかを考えたとき、これは別の次元でも扱わなければならないことだと思いました。つまり、慰安婦というのは、女性に対する残虐行為についての話であると。歴史認識や外交問題というより、ジェンダーの議論であると思うようになりました。

似たような残虐行為は、韓国人男性からベトナム人女性に対しても行われました、日本政府も日本国民に対して残虐行為を行いましたよね。慰安婦の問題は、ジェンダーや人権という、より大きなスケールで考えるべきだと思います。

グラック教授　国際関係上、政治家たちがこの問題を道具として利用しているという側面と、女性に対する残虐行為という側面があるということですね。これはとても重要な点で、そう考えているのはあなただけではないですよ。ほかに、慰安婦についての見解はありますか。

ダイスケ　事実として、それは過去に起きたことだと私も思います。そういう認識の上で、これまでにさまざまな議論に触れてきました。例えば、韓国人もベトナム人に対して同じことをした、だから……という議論。あとは、慰安所のようなところに連れていかれたのは実際には何人だったのか、という数の議論があります。

グラック教授　慰安婦の議論について、重要なポイントを指摘してくれました。南京事件でも似たような議論が聞かれます。両方のケースで、誰が誰に何をしたのか、それはなぜなのか、そして数の議論が出てきます。ですが重要なのは、ダイスケが言ってくれたように、こうした議論こそが共通の記憶をつくるのだということです。

多数の国の軍隊が売春宿を持っていた

グラック教授　では慰安婦がどのようにして共通の記憶になったのか、というプロセスの話に戻りたいと思います。また質問してみましょう。１９４５年、もしくは終戦直後に、人々が慰安婦について知っていたのはどんなことだったでしょうか。想像してみてください。そこでいう「人々」というのは誰を指すのかについても教えてください。

ニック　慰安婦のようなことは日本軍だけではなくほかの国の軍隊でもありましたし、東ヨーロッパでもひどいことが起きていました。日本と中国と韓国の人々は、こうしたことが起きていたと知ってはいても、戦後復興や冷戦、朝鮮戦争の過程などでその記憶を脇に追いやっていたのではないでしょうか。

グラック教授　脇に追いやるという場合には、まずそれを問題視していることになりますが、当時はあえて無視していたというよりは公然の事実だったのでしょう。

慰安所について確実に知っていた人というのは誰でしょうか。

ニック 軍人たちです。

グラック教授 もちろんそうですね。慰安所というのは、あえて一般的に呼ぶならば、軍の売春宿のことです。当時、慰安所は軍にとっては珍しいものではなく、それぞれの国の軍隊が売春宿を持っていました。軍人たちは慰安所の存在をもちろん知っていましたし、それは戦争の一つの側面でした。では、軍人のほかにその存在を知っていたのは誰ですか。

マオ 歴史的には皮肉なことかもしれませんが、戦後、米軍が日本を占領していたときにも同じような施設があったと思います。もっと聞こえがいい名前に変えて……。

グラック教授 「余暇・娯楽協会」ですね（Recreation and Amusement Association。日本占領期、連合国軍による一般女性に対する性犯罪を防ぐために日本政府が設置した特殊慰安施設協会。「余暇・娯楽協会」の売春宿は設置から7ヵ月後にGHQによって廃止された）。日本占領期の売春についても語れることは多くありますが、ここで重要なのは、軍のための売春宿は見慣れない存在ではなかったという点です。

戦後、慰安婦について知っていたのは、まずは慰安所を利用したことがある人

ニック

間と、元慰安婦たち自身でした。しかしながら、彼らや彼女たちはそのことについてあまり語らないですね。なぜ語らないのでしょうか。

ニック 汚名を着せられるからでしょうか。

グラック教授 元慰安婦にとっては、汚名とトラウマが理由でしょうね。元慰安婦は家族の元に帰ったとしても、自分の身に起きたことについて語らない場合が多いです。ではなぜ、慰安婦の話は戦争の物語に組み込まれていなかったのか。戦争の物語では被害者の存在が重要視されるものです。原爆の被害者や国内で戦争を経験した人々の話は出てくるのに、なぜ慰安婦は登場しなかったのでしょうか。

戦後長らく、語られなかった理由

ディラン 前回の講義で話されたように、アメリカと日本の戦争の物語は基本的にはパールハーバーから始まって原爆で終わります。そのような主要な物語があると、中国や韓国といった東アジア側の物語は丸ごと語られなくなってしまうのかもしれません。

グラック教授　それも一つの理由ですね。慰安婦はアジアの話として抜け落ちてしまった、と。ほかに、慰安婦が物語に登場しなかった理由は？

クリス　女性だったからでしょうか。

グラック教授　そうですね。さきほどニックが言ってくれたように、戦時中の女性に対する暴力はほかの国にもありましたが、戦争の物語には組み込まれにくいものなのです。終戦時のドイツでソ連軍が大勢の女性を強姦したという話は、ドイツの戦争の物語には長い間含まれませんでした。

なぜ戦争の物語に入らなかったのか、理由の一つは、慰安所の存在が当たり前だった点。二つ目は、性的被害に遭った女性というのは、どの物語にも登場しづらいという点です。

では、戦後に行われた戦犯法廷で慰安婦の問題がどのように扱われたか知っている人はいますか？

ニック　少数ですが、オランダ人女性の慰安婦問題が戦犯法廷で取り扱われました。一方で日本人や中国人や韓国人の慰安婦については問題にされませんでした。

グラック教授　そのとおりです。東京裁判で連合軍の調査官は「慰安ガール」について触れていましたが、訴追しませんでした。一方で、日本占領中のオランダ領東インド（現在のインドネシア）で一部の日本軍人が民間人抑留所のオランダ人女性を慰安婦にした件は、戦後のインドネシアで行われたオランダによるＢＣ級戦犯裁判で裁かれたのです。

なぜオランダ人慰安婦に対する罪では日本人を裁いたのに、中国人や日本人、韓国人やフィリピン人などの慰安婦については訴追しなかったのでしょう。明らかな答えがありますね。

クリス　人種でしょうか。

グラック教授　そうです。オランダ人女性の中には白人もいたからです。また、日本では「慰安婦が存在した」というのは終戦直後の時点では秘密でもなんでもなく、一般的に知られている事実でした。１９４７年には田村泰次郎による慰安婦についての短編『春婦伝』が出版されていましたし、慰安所という言葉は知られていて、

１９６０年代には日本の国会で戦傷病者戦没者遺族等援護法（１９５２年制定）に関連して元日本人慰安婦について触れられてもいました。

では、みんなが知っていた慰安婦という存在が、どのようにして戦争の物語の中に入ってきたのか。慰安婦とは、どのような人たちだったでしょうか。皆さんが持っているイメージを教えてください。

ダイスケ　若い女性でしょうか。

グラック教授　とても若い女性たちでした。13歳や14歳もいました。ほかには？

数人　貧しい。

トム　田舎に住んでいる？

グラック教授　そうですね。若い女性で、貧しい人が多く、田舎出身の人もいました。では、１９９０年代にはこうした慰安婦たちはどうなっていましたか。

ジヒョン　とても年を取っていました。

グラック教授　とても年を取り、貧しい人もいて、アジア諸国に散らばっていました。そんな彼女たちが「運動」を起こせるでしょうか。元慰安婦がどのような人たちかを想像すると、無力で、ほかの元慰安婦と直接的な関わり合いがない場合が多いです。ではそんな彼女たちが、なぜ現在の私たちの記憶の中に入ってきたのか。前回の話の「記憶の作用」について思い出してみてください。四つあった「記憶の領域」、すなわちオフィシャルな領域、民間・大衆文化の領域、個人の記憶、メタ・メモリー、この中で慰安婦が記憶として姿を現した領域とはどこだと思いますか。

誰が記憶に変化を起こしたか

クリス　ソウルにある日本大使館でしょうか。

グラック教授　それは後になってからですね。

ジヒョン　元慰安婦たちの証言を取り始めた学者がいました。

グラック教授　韓国人の学者ですね。名前は覚えていますか？

ジヒョン　名前は覚えていません。

グラック教授　１９８０年代後半ですね。例えば梨花女子大学校の尹貞玉がセックスツーリズムの問題に関連して、慰安婦についての研究を発表しました。

スペンサー　日本の学者もその研究をしていたと思います。ヨシミが重大な役割を果たしたことは知っています。

グラック教授　歴史学者である吉見義明が慰安所への軍関与を示す資料を発見しましたが、彼はなぜその資料を探しに行ったのでしょうか。

サトシ　河野談話がきっかけだったかもしれません。

グラック教授　面白い視点ですが、少し違います。１９９１年に韓国の元慰安婦３人が日本政府に補償を求めて提訴したことを受けて、１９９２年に吉見が資料を発見し、翌１９９３年に自民党の河野洋平（内閣官房長官）が旧日本軍の直接的・間接的関与を認めた上で謝罪と反省を表明したという流れです。いわゆる「河野談話」はそれ以来、大きな論争を呼んできましたが、なぜ彼はこうした談話を発表したのでしょうか。

自民党が慰安婦問題についてどうしても謝罪したかった、ということではないでしょう。何があったのですか。前回の内容から、記憶に変化を起こすのは誰だったでしょうか。

サトシ

クリス　政治家ですか？

グラック教授　慰安婦の場合は、違います。韓国政府は初め、慰安婦問題を無視しようとした、という話が先ほど出ていましたね。慰安婦が人々の共通の記憶に入ってくる前の1990年代初めにさかのぼってみましょう。慰安婦を「問題化」しようとしていたのは、日本政府や韓国政府だったでしょうか。

コウヘイ　メディアでしょうか。新聞とか？

グラック教授　メディアは、起きたことを積極的に報じてはいました。では、報じられるような行動に出ていたのは誰だったでしょうか。

スコット　利益団体ですか？

グラック教授　そうです。そういったグループを何と呼んでいましたか？

数人　「記憶の活動家」

グラック教授　そのとおり。民間の領域に属する、いい意味での、記憶の活動家ですね。特に1991年に元慰安婦3人が訴訟を起こした後に運動が活発化して、慰安婦が「問題」化したのです。慰安婦問題を顕在化させようとしたのはどのような人たちでしたか。

ダイスケ　人権活動家ですか。

グラック教授　人権活動家もそうですね。ほかには？

トム　フェミニスト？

グラック教授　はい。第二波フェミニズムではなく、その後である１９９０年代のフェミニズムです。１９９５年に北京で国連主催の第４回世界女性会議が開かれ、有名なスピーチで「人権とは女性の権利であり、女性の権利とは人権なのです」と語られたように、この頃には人権としての女性の権利がさまざまな枠組みで大きく取り上げられるようになっていました。

戦後50周年の１９９５年には慰安婦が政治問題化しており、北京では女性の権利と結び付けられることになりました。では、人権活動家やフェミニストとはどのような立場の人たちでしたか。

ヒロミ　人権を侵害された人たちの家族でしょうか。

グラック教授　そうではありません。実は、ＮＧＯ（非政府組織）だったのです。グローバル化が進展した１９９０年代には国際的な市民ネットワークが広がり、いわゆる「グローバル市民社会」が拡大し続けていました。１９９０年代の韓国で、元慰安婦を支援しようとした記憶の活動家とはどのような人たちだったか分かりますか。韓国の人たちが、日本について考えたときに思い浮かべたことは何でしょう。

クリス　植民地支配でしょうか。

グラック教授　そうですね。韓国にとっては、日本に植民地にされていたという背景が重要です。韓国のある元慰安婦の支援団体の名前は「韓国挺身隊問題対策協議会」と言います。挺身隊という言葉は「日本統治下で強制労働させられた」という意味合いが強いです。つまり、韓国では植民地支配という視点からも慰安婦問題の活動が行われていました。

日本では、1998年に「『戦争と女性への暴力』日本ネットワーク」という団体を設立した松井やよりという女性が慰安婦問題に取り組んでいましたが、彼女たちの活動は、植民地支配というより女性に対する暴力というフェミニズムの視点に基づいていると言えそうです。では、1990年代から北米で慰安婦を支援している、とても影響力のある記憶の活動家は誰でしょう。

ニック　韓国系アメリカ人や中国系アメリカ人ですか。

グラック教授　そのとおりです。韓国系アメリカ人、韓国系カナダ人、中国系アメリカ人と中国系カナダ人です。では、彼女たちの活動が行われている背景にあるものは何でしょうか。

コウヘイ　人種問題でしょうか。声を上げることでアメリカでの自分たちの立場を強めたい、ということなのかと。

グラック教授　彼女たちがアメリカで声を上げ始めた背景には、1990年代にアイデンティティー・ポリティクスが盛んになったという事情がありました。アジア系アメリカ人たちは元慰安婦のために活動しているとはいえ、一方で慰安婦問題が自分たちのアイデンティティー・ポリティクスの一部になっていると言えます。

　カリフォルニア州選出の下院議員マイク・ホンダが、2007年、「従軍慰安婦問題の対日謝罪要求決議」を下院に提出したのはなぜなのでしょう。ホンダは日系アメリカ人なのに、なぜ日本を非難する決議を求めたのか、考えてみてください。

スペンサー　アジア系アメリカ人の票が欲しかったからですか。

グラック教授　そうです。彼の選挙区には韓国系アメリカ人や中国系アメリカ人がたくさんいたからです。つまり国によって、慰安婦問題を取り上げる背景というのは違うものなのです。背景は違えど、コウヘイが指摘してくれたようにこの問題をメディアが報じると、「公の」問題として注目されるようになります。

証言者たちが果たした役割

グラック教授　重要なポイントに近づいてきました。これまでは、記憶の活動家について話してきましたね。では、元慰安婦自身は記憶をつくる上でどのような役割を果たしたのでしょうか。１９９１年に３人の元慰安婦が名乗りを上げ、日本政府を相手に訴訟を起こしたことで、元慰安婦たちの長い沈黙が破られました。それから、一人、また一人と自分たちの話を語り始めました。終戦直後はトラウマあるいは不名誉という思いがあって、語ろうとする人は少なかったでしょうが、なぜ１９９０年代には話せるようになったのですか。

ディラン　女性に対する暴力について、社会の態度が変わったからですか。

グラック教授　それは一つの要因ですね。では、元慰安婦たちがそれぞれ一人で声を上げていただけだったら、その声は社会に響いたでしょうか。

数人　ノー。

グラック教授　なぜ彼女たちの声が注目を集めることができたのか。記憶の活動家も、重要な役割を果たしたのです。前回の講義で個人の記憶の話をしましたが、個人の過去について話せない理由としては、トラウマがあるという心理的な要因も、誰もその声に耳を傾けたがらないという社会的要因もあります。ですが、今は社会が聞く耳を持つようになった。それがあってやっと、元慰安婦たちが口を開くことができるようになりました。ほかに、彼女たちが話せるようになった理由は何でしょうか。

ダイスケ　これが理由であってほしくはないですが、補償してほしかったということはありますか。

グラック教授　元慰安婦たちが証言した主な目的は、補償を求めることよりも自分たちが苦しんだ過去を公然と認められるようにする点にありました。補償というのは、訴訟の際に出てくる考えですね。

ニック　終戦から１９９０年代まで長い時間が経過して被害者の家族たちが亡くなったことで、家族に押される烙印を心配する必要がなくなったからではないですか。

グラック教授　そうですね。理由の一つは、証言をしたときに元慰安婦たちが年を召していたこと。退役軍人を含め、年を重ねて人生のある時点に来ると、十分な時間が経ったとか最後のチャンスであるという理由で、話したくなることもあります。

グラック教授　興味深いことに、韓国政府は金大中大統領が１９９０年代末に慰安婦に補償すると言うまではあまり「便乗」しませんでした。韓国人元慰安婦が、「韓国政府は私たちのために何もしてくれていない！」と言っていた時期もありました。

日本の１９９０年代はというと、１９９３年には河野談話が発表され、１９９５年には村山談話が出て補償などを目的とした財団法人「女性のためのアジア平和国民基金」が設立されたりと、オフィシャルの領域でこの問題に対応する動きがありました。１９９７年からは日本の中学校で使われる歴史教科書に、慰安婦について記述されることになりましたが、現在はほとんど削除されています。

ニック　ではもっと最近は、日本政府はどういう立場を取っているでしょうか。

日本政府は、公式にはこの問題は解決済みと言っていますが、非公式には保守政権が強制性を認めていないようです。

グラック教授　河野談話は強制性を認めていましたが、現在の安倍晋三政権は強制性を疑問視しています。一方で韓国政府は２０１１年から、慰安婦問題に大きく便乗してきました。日本の場合も韓国の場合も、その背景にあるのは国内政治です。戦後60周年の２００５年には、ほとんどの政治家が慰安婦については発言していなかったのに、戦後70周年の２０１５年には慰安婦問題が支配的な論点になっていました。その理由を掘り下げていかなければなりませんね。

少し話を戻しましょう。オフィシャルな領域というのは自発的に動いているというよりは何かに「反応」しているものなのですが、何に反応しているのかが重要です。日本政府が強制性を否定するとき、それはどのような反応を生むと思いますか。

クリス　植民地化の記憶と結び付けて考えられると思います。強制性の否定と植民地化の否定……この二つは深いところで結び付いていて、慰安婦問題は単にジェンダーや国際政治の問題ではなくなっているのだと思います。それくらい、日本による植民地化は韓国政府と韓国のアイデンティティー、また韓国の歴史に大きな影響を与えたのだと……。

グラック教授　それは、韓国側の見方ですね。植民地化の文脈で考えるというのは、本当にそのとおりだと思います。では、日本側はどうでしょう。２０１５年12月に韓国と日本の外相同士が交わした慰安婦問題日韓合意は、「最終的で不可逆的」と言われていました。日本政府は補償などを約束しながら、韓国政府に何を期待していたか覚えている人はいますか。

ジヒョン　慰安婦像を撤去すること。

グラック教授　はい、韓国政府がソウルの日本大使館前にある慰安婦像の問題を「解決しようとすること」です。実際には、日韓間で慰安婦問題は今でも解決していないですね。日本大使館前での日本に対する抗議運動は１９９２年から毎週水曜日に行われ、２０１１年に１０００回目を迎えたときに慰安婦像が建ちました。では、日本政府が慰安婦の強制性を否定したり、慰安婦像の撤去を求めると、何が起きると思いますか。

数人　もっと建てる！

グラック教授　ほかの場所に慰安婦像が建ちますね。日本政府が抗議するたびに、雨上がりのキノコのように世界のさまざまなところに慰安婦像が生えてくるようです。抗議すればするほど、相手方に燃料を与えることになるのです。ヨーロッパでのホロコーストの否定の場合でも同じようなことが起きました。ホロコーストを否定すればするほど、逆にそれは記憶に刻まれるのです。戦争の記憶というのはつくられ続けるので、政治的なプロセスの中でこのような相互作用が起きてしまいます。

記憶を動かす「政治的文脈」

グラック教授　では、今度は別の領域についての質問です。ほとんどの人々は、慰安婦についてどのようにして知ったと思いますか。

数人　メディアを通して。

グラック教授　はい、メディアを通して知るわけです。これが、私が「メタ・メモリー」と呼ぶ記憶の領域です。前回の講義でお話ししたように「公での論争を通じて知る記憶」のことです。大半の人々は慰安婦問題のような記憶についての議論を、メディアを通して知ります。河野談話や慰安婦像についての議論をメディアを通して学んでいるのです。

このメタ・メモリーという領域は、ある記憶を拡散させるのに大きな影響力を持っています。日本政府は過去に向き合わなければいけない、とする議会決議がアメリカ、オランダ、ＥＵ議会、イギリスなどで出ているのは、この記憶がこれほど広範囲に広がった証拠でしょう。慰安婦問題について、直接的には何の関係もない所にまで、広がっていくわけです。

今回の講義も終わりに近づいてきましたが、今度は記憶の変化がどこからやって来るのかを考えてみましょう。こちらも前回お話ししましたが、記憶の変化とは、「下から」と「外から」の、二つの方向からやって来るもので、慰安婦の場合、日本の記憶の変化は外から影響を受けました。戦後70周年を迎えた2015年、日本政府と韓国政府にどのような圧力がかかりましたか。

ヒロミ　アメリカなどの諸国が共同するよう働き掛けました。

グラック教授　そうです、アメリカは特に日本と韓国という二つの同盟国が争うよりも協力したほうがいいと考えていました。そのため、オバマ大統領（当時）は前年の2014年に韓国ソウルを訪れ、慰安婦について話したのです。ドイツのメルケル首相も2015年に発言しました。

クリス　（小声で）ワーオ……。

グラック教授　こうした国際政治上の外国政府による圧力に加えて、外からはグローバル市民社会による圧力もありました。一方で、下からの変化は日本国内の民間団体などから起きました。この結果、日本にどのような変化が起きたのかというと、それまで慰安婦について知らなかった人々がこの問題について知り、慰安婦が日本

の共通の記憶に取り込まれていくことになったのです。そして世界の記憶にも広がっていきました。

さて、最後は政治の話です。記憶の変化が起きたのは、なぜ１９９０年代だったのでしょうか。

ニック　冷戦が終わったからですか。

グラック教授　冷戦の終わりは、東アジアにとって何を意味しましたか。

マオ　ソ連という共通の敵がいなくなりました。

グラック教授　冷戦が終わって、米ソという国際政治の二極化が終焉すると、東アジアに何が起きましたか。

数人　中国が台頭し始めました。

グラック教授　そのとおりです。冷戦という

コラム２【慰安婦が世界にもたらしたもの】

「戦争の物語」というものは、意外にも変化することが少ない。例えば日本人とアメリカ人それぞれの原爆に対する見方は、今も1945年とほとんど変わっていない。だが戦争の物語の中には、それまで語られていた中心的な物語からは抜け落ちていた戦争の経験を新たに取り込むなどして、変化を遂げたものもある。

ホロコーストも慰安婦も、終戦直後のヨーロッパ・アジアで語られていたもともとの物語には含まれていなかった。だが今やこの両方とも、第二次世界大戦についての「共通の記憶」に、しっかりと根付いている。この「記憶に取り込まれていく」というプロセスには、時間と、そして当事者やその支援者の努力が必要となる。ホロコーストの記憶が広く根付いたのは１９７０年代のことだ。慰安婦が記憶に取り込まれたのは、１９９０年代。この二つが広く知れわたるようになると、ホロコーストの記憶はジェノサイドに対する世界の見方に変化をもたらし、一方、慰安婦の記憶は戦時における女性への暴力に対する見方を変化させたのであった。

法律、証言、権利、政治、そして責任――この五つの領域を変化させたという意味において、慰安婦の記憶は、アジア内にとどまらず世界中で影響を及ぼすようになった。

第一に、法律に変化が起きた。1998年に採択された国際刑事裁判所のローマ規程をもって強姦を「人道に対する罪」と宣言した。そこに至るまでの議論では、法曹や法学者、人権活動家らが、20世紀の戦争につきまとう女性への性的暴力の例として「慰安婦」に頻繁に言及していた。1993年設置の旧ユーゴスラビア国際戦犯法廷、1994年設置のルワンダ国際戦犯法廷でも同じことが起きており、この二つの法廷は1990年代に強姦を人道に対する罪として訴追する先駆けとなった。戦時中の強姦の歴史は戦争と同じくらい古く、長いあいだ非難の対象ではありつつも訴追されることはなかった。それが現在は、戦争犯罪と位置付けられ、「人道に対する罪」であり、ジェノサイド（集団虐殺）の一形態を成す場合もある。このプロセスの中で、「慰安婦」は「ホロコースト」のように、司法と人権の領域で世界での試金石となった。

第二に、証言にも変化が起きた。歴史家が長い間、歴史的事実を証明するために証拠として頼っていたのは記録文書だった。個人の記憶というのは不完全かつ主観的すぎて、歴史を書く上での確かな情報源にはなり得ないと考えられていた。この状況は近年、ホロコースト生存者の証言、つまり、オーラルヒストリーが広く受け入れられるようになったことで変化した。慰安婦についての知識の多くは、初めて３人の元慰安婦が名乗り出た１９９１年以降に語られ続けてきた証言からきている。強姦や性的暴力という犯罪は、大量虐殺以上に、ほとんどの場合が記録に残らない。だからこそ、慰安婦の証言は大きな重要性を帯びている。

元慰安婦が自らの経験を語るにつれて、彼女たちの発言（と身体）は、戦時中の苦しみを白日の下にさらすこととなった。彼女らの証言は後になって、証拠書類や元軍人たちの慰安所での経験談によって裏付けられていった。日本の裁判所は元慰安婦が訴訟を起こすと繰り返し賠償請求を棄却してきたが、なかには、彼女たちの証言の内容は「反論の余地のない歴史的証拠」であると認めた裁判官もいる。慰安婦たちがひとたび長い沈黙を破ったとき、それは我々が過去を認識する方法を変える助けとなった。私的な物語が、公的な力を持ったのだ。

第三に、権利についてだ。元慰安婦は記憶も人権の一つだと主張していた。この「記憶の権利」は、数十年前に南米で注目され、２００６年に国連が「真実を知る権利《ライト・トゥ・ザ・トゥルース》」として主張した。その他の被害者のように、彼女たちは自分たちを苦しめた行いの不当性を認めるよう求め、それを謝罪や補償に結び付けた。同時に、自分たちの経験について若い世代に伝え、受け継いでいくことを求めた。この過程で、年老いた元慰安婦たちは沈黙から主張へ、見えない存在から記憶の権利ある市民へと、歩み出した。

第四の変化は政治の世界で起きた。第二次世界大戦が終結して以降、記憶の政治に変化が起こり、そこで新たに生まれた規範や期待によって、私が呼ぶところの「世界的な記憶の文化《グローバル・メモリー・カルチャー》」が形成された。元慰安婦も、今やこの文化の一部である。認知、補償、そして謝罪は現在、世界的な記憶の政治において一般的な要求となっている。謝罪の政治なるものは、国内においても国家間においても、70年前には今の形では存在していなかった。慰安婦は東アジアだけでなく、世界のあちこちで政治問題化した。ヨーロッパ・アメリカの指導者たちは日本政府に対し、かつて慰安婦に行った不当行為を認めるよう求め、慰安婦像は北米、ヨーロッパ、中国などの各地で繁殖し続けている。

2015年12月に日韓の外相間で結ばれた合意が「最終的かつ不可逆的な」解決策になるという考えは、最初から成功の見込みがなかった。今日の世界的な記憶の文化の基準からすると、日本の指導者は慰安婦制度の過ちを認め、（再び）謝罪するように求められている。これを拒否・否定したりすれば、慰安婦の問題が国際政治上でいっそうクローズアップされるだけだ。私は歴史家として、政治化された記憶をよしとしない。記憶を政治化するときに、過去はいとも簡単に道具にされてしまうからだ。しかし、現代の価値観においては日本人を含め多くの人々が、慰安婦制度を「容認できないこと」だと考えるのではないかと思う。

第五に、責任に関して起きた変化についてだ。戦争責任の概念は、1945年以降、数十年の間に根本的な変化を遂げた。当初、戦争責任を問われたのはヒトラーのような邪悪な指導者だった。ところが後になって、「上官の命令に従っていただけだ」と主張する人々にも「組織的な罪」が割り当てられるようになった。さらに時を経て、一般の人々でさえも、当時の政治の流れに逆らわないよう何もしなかっただけだとしても、責任があるとされるようになった。

ここで、世代を超えた責任をどう考えるか——という問いが生まれる。この問いは、一般的には「罪」と「責任」との間に線を引くことで回答とされてきた。すなわち、実際に罪を犯した場合の責任と、自国の過去について良いことも悪いことも知る必要があるという「責任」だ。

太平洋戦争の内容についてはそれほど触れられません。

グラック教授　そうですね。アジアでの勝利は広島への原爆投下と一緒に語られるかもしれませんが、その話の中に太平洋諸島での戦いはあまり出てきません。アメリカの退役軍人で太平洋で戦った人たちは口をそろえて、自分たちは忘れられている、と言います。サイパンでの戦いには何もないのに、Dデーには公式な記念式典がある、と。一方で太平洋にも、アメリカの戦争の物語の中で一つだけ記憶されている島があります。どの島だか分かりますか？

数人　硫黄島。

グラック教授　なぜ硫黄島は覚えられているのでしょうか。

ニック　一枚の写真があるからです。山の上に海兵隊員たちが星条旗を立てている写真です。

グラック教授　その写真について、ほかに知っていることはありますか？

ニック　やらせ写真でした。

（数人が同意する）

グラック教授　最初に旗を立てたときの写真ではなく、やり直して撮影されたものでしたね。戦争中に撮影された写真で有名になったものには、やらせ写真が少なくありません。第二次世界大戦終戦時のベルリンで、ソ連軍がライヒスターク（ドイツ国会議事堂）の屋上に立てた赤旗もそうだったと言われています。

ほかに、自分の国の戦争の物語について教えてくれる人はいませんか？

中国で語られる「戦争の記憶」

マオ　中国では、戦争の物語はもっとさかのぼって、中国東北部（満州）が植民地化された1931年に始まります。もしくは、日清戦争から継続していると言えるかもしれません。一度目の日清戦争は、19世紀終わりでした。

グラック教授　1894年から1895年までですね。二度目となる日中戦争はいつ始まりましたか。

マオ　1937年です。

グラック教授　1937年には何が起きましたか。

マオ　上海が侵攻され、中国軍がたくさんの人命を失い、多くの虐殺や残虐行為がありました。

グラック教授　虐殺や残虐行為のうち、特に覚えているものはありますか？

マオ　南京です。ただ、戦争の話について中国では長い間、勝者の側の視点は語られてきませんでした。日本軍の敗北を決定づけたのは、私たちではなかったからです。

中国の戦争の物語はどちらかというと悲しい話で、長い間「不屈」という視点から語られてきました。私たちは中国の安全と主権を守るために戦い、１９３１年から１９４５年までという14年もの間、一度も降伏しなかった。つまり中国の物語は、国を持ちこたえさせて降伏しなかったことで連合国の勝利に貢献した――というものでした。

グラック教授　分かりました。中学校と高校に通っていたのはいつ頃ですか。これは重要だから聞いています。

マオ　１９９９年に小学校に入学しました。

グラック教授　１９３７年について知っていたのは、いましたものね。マオが学校に通っていたのは、日本軍の侵略や残虐行為について教えるとい

マオ

う、愛国教育が強化された後の時期です。第二次世界大戦のことを、中国では何と呼んでいますか。

マオ　抗日戦争です。もしくは、世界の反ファシズム戦争とも言います。

グラック教授　後者が一般化したのは割合と最近ですね！　学校で習った言葉ではないと思います。習近平国家主席は終戦70周年の2015年に、「抗日戦争」に加えて「世界の反ファシズム戦争」という言葉も強調したそうです。ではなぜ最近になってそうしたのでしょうか。後の言葉は、「悲しい話」ではないですね。

マオ　私の理解では、この言葉を強調して中国で語られる戦争の物語を拡大させることで、中国が世界の反ファシズム戦争に貢献した、という意味合いを出すためだと思います。

グラック教授　そのとおりです。ロシアのウラジーミル・プーチン大統領は2005年と2015年、ナチス・ドイツに勝利する上でソ連がいかに貢献したかを強調する動きに出ました。確かにソ連は同盟国の勝利に大きく貢献しましたが、これに続いて中国も「反ファシズム戦争に貢献した」と主張したのですね。これは国際政治を踏まえた語り方であり、愛国主義的な語り方です。

では次に、韓国で語られる第二次世界大戦の物語について誰か教えてくれませんか？

ヒョンスー（仮名）　私たちの記憶は、慰安婦や強制労働者など、韓国の人々が日本の国家総動員という概念にどのように組み込まれていったかという点を強調する傾向があると思います。あとは、重慶や満州などで中国人と一緒に日本人相手に戦った、臨時政府や独立運動団体のことも多く語られます。

グラック教授　第二次世界大戦の終結は、韓国と北朝鮮の人々にとって何を意味しますか。

ヒョンスー　独立です。

グラック教授　つまりは、日本による植民地支配からの解放ということです。では、終戦直後に朝鮮半島に何が起きたでしょうか。

マオ　南北に分断されました。

グラック教授　その前に何が起きましたか。

ジヒョン　南北それぞれ、アメリカとソ連に占領されました。

グラック教授　間接統治された日本とは違ってアメリカ軍は韓国を直接占領しました

ね。つまり韓国では「解放された」と語られるにもかかわらず、実際には軍事的に占領された上に、朝鮮戦争が起きました。

アメリカが原爆を正当化する理由

グラック教授　さて、皆さんが話してくれたように、ある国の戦争の物語はどれも「国民的」で、現在の国民感情に結び付いているところがあります。「統一」や「不屈」「愛国主義」などの言葉が戦争の物語によく登場するのは驚くことではありません。このシンプルな物語には、なぜ戦争が起きたのか、どのようにして起きたのか、その結果各地で何が起きたのか、というような詳細はあまり含まれません。

次の質問に移りましょう。今度は日本の戦争の記憶です。皆さんにとって、ヒロシマの記憶とはどのようなものですか。

ディラン　アメリカ側の見方では、原爆はアメリカ人の命を救い、戦争を終わらせたと。多くのアメリカ人が、原爆投下は正当化できると考えていると思います。ですが、この見解からは、キノコ雲が影を落とした後に何が起きたのかという、地上でその現実が抜け落ちています。広島市がいかに破滅的な被害を受けたのか、また、そ

害者には二つの側面があって、一つはヒロシマとナガサキには、被爆者という実際の被害者がいるということ。もう一つは、日本が今のところ最初で最後の原爆の被害国である、という側面です。ほかに、日本における原爆の物語というのは何があるでしょうか。この物語は、原爆投下で終わるわけではありませんね。広島の「市」としてのアイデンティティーとはどのようなものですか。

ヒョンスー 「平和への使命」でしょうか。

グラック教授 そうですね。それが、日本における原爆の物語の重要な第2部です。日本は原爆の最初の被害者となった、そして、そのことが戦後日本に「平和の実現」という使命を与えました。これが、日本の原爆の物語です。

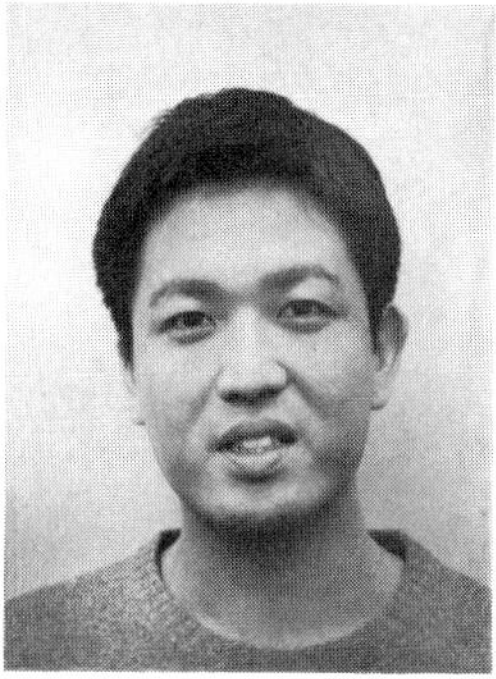

ダイスケ

さきほどディランが、アメリカの物語には原爆投下後の視点が抜け落ちていると指摘してくれましたが、日本の原爆の物語では、戦争は1931年あるいは1937年から始まっていたにもかかわらず「戦争」それ自体がメインではありません。アメリカの物語は原爆までを語り、日本の物語は原爆から始まります。私はこれまでにさまざまな国の第二次世界大戦の物語に触れてきましたが、その中でも、ほとんど変化がないのが、この原爆の物語です。では、なぜ変わらなかったのか、というのが次の質問です。私にも答えは分かっていないのですが、なぜ原爆の物語は日本とアメリカで「固定」され続けてきたのでしょうか。

マオ　アメリカは東アジアで勢力を保ってきたので、勝者の視点から語ることを変えなくても済んだのではないですか。冷戦中、アメリカにとって日本は反共の防波堤という役割を持っていましたし……。

グラック教授　アメリカと日本にとって前向きな物語を作り上げることが必要だった、という点では正しいですが、アメリカは原爆の話でそれをしようとしたわけではないと思います。ほかには？

ディラン　戦後日本の体制というのは、戦時中の軍国主義を否定するところから来ていました。そんななか、アメリカの原爆投下を批判して原爆の物語を変えようとすることは右翼的で危険だと考えられたために、そういう声が上がらなかったのではないですか。

グラック教授　それよりも、日本側の物語が変わらなかった理由は、戦後日本の民主主義と繁栄は、平和主義と結び付いてきたからでしょう。

ダイスケ　質問してもいいでしょうか。ヒロシマが平和への使命を得た、とおっしゃいましたが、それはアメリカ側から出てきたものだったのでしょうか。

グラック教授　日本からでした。例えば広島市は戦後間もない段階で平和を目指す道を選び（広島市の主導で1949年に広島平和記念都市建設法制定）、それ以来、原爆は平和や反核運動の中心を成す存在になってきました。原爆の話というのは国によって違いがあって、アメリカでも原爆投下を道義的に疑問視する声もありますが、そうした声は昔も今もアメリカで語られる原爆の物語のメインストリームには入ってきません。

　では次に、原爆以外に落とされた通常の「爆弾」について何か知っていることがある人はいませんか。

なぜ「原爆」である必要があったのか

ジュンイル　東京への爆撃の犠牲者数は、ヒロシマとナガサキの犠牲者を足した数より多い、ということを聞きました。

グラック教授　1945年3月10日の東京大空襲のことですね。この日一日だけで、ヒロシマの原爆よりも多くの犠牲者が出た、ということはよく言われます。どこでその話を聞いたのですか。

ジュンイル　つい最近、ドキュメンタリーか何かで見ました。

グラック教授　あり得そうですね。日本で教育を受けた方に聞きたいのですが、日本で教えられる戦争の物語の中で、東京大空襲というのはどれほど重視されていますか。

ダイスケ　それほど重視されてないように思います。

グラック教授　そうですね。東京には、以前からずっとそのことを指摘する声があります。ヒロシマとナガサキへの原爆投下によって、東京大空襲の記憶は消し飛ばされてしまった、と。ほかに原爆以外の爆弾について知っていることがある人は?

マオ　二つの逸話を思い出しました。一つ目は、日本への「独創的な」爆撃の仕方を考案し、指揮した米空軍のカーチス・ルメイ司令官に、日本政府が戦後、勲章を与えたという話です（1964年、ルメイ司令官に日本政府が勲一等旭日大綬章を授与した理由は、日本の航空自衛隊育成に協力したため）。

二つ目は戦時中、ルメイか米空軍が、同じく連合国だった中国の建築家もしく

う と言えるでしょう。

ほかに、自分の責任について話してくれる人はいますか？

ヒョンスー　選挙のときに自分の一票を投じることかもしれません。韓国では、例えば新しい大統領が就任したときのように、政権が交代すると歴史に対する立場も変わります。政党に投票するということが、戦争の記憶に変化を起こす上で最も直接的な手段の一つなのかもしれません。

グラック教授　投票することで自分自身も政治に参加する、政治的責任を果たすということですね。世界を見わたすと、さまざまな国でナショナリズムが台頭している今、指導者たちが自国の歴史を政治的に利用しようとしていますから。トルコやハンガリー、ロシア、インドなど、いくらでも名前を挙げられます。ほかにありますか？

他国の歴史を学ぶことの意味

ダイスケ　小さなことかもしれませんが、私がもし子供を持ったとき、子供は学校教育を受けたりメディアに触れることで、歴史のある一面を学ぶことになるでしょう。その上で私は、ほかにもさまざまな意見や見方があるということを教えてあげたいです。

グラック教授　それは、教育を通じて歴史に責任を持つという意味で有効ですね。何かを教える際、少なくとも一つの物語だけを語ることはしない、という点が重要です。

ジヒョン　ほかの国の歴史を学ぶことは、その国の人がどういう人なのか、彼らにどう接したらいいのかを理解するのに役立つと思います。これらの理解に基づいて、外交上の慣習や政治的な意思表示を考えることもできます。一方で、もし他国の見方や、そこで伝えられる物語を曲解してしまった場合は、外交上の大失態や大惨事、さらには戦争にさえつながることになります。言葉というのは完璧には機能しないし、歴史も完璧ではありません。偏った見方しかできない人もいるでしょう。

歴史というのは歴史学の域を出て、自分たちがほかの国やほかの文化を学ぶ上でのガイドラインになり得ると思いますが、それと同時に、言葉や歴史の限界についても知っておくべきだと思います。

グラック教授　そのとおりですね。ディランが言ってくれた、ほかの国を見るときの基準を自国にも当てはめるということを付け加えるならば、少なくとも他国のアイデンティティーや歴史の視点を見ようとすること、それらの視点がどこから来ているのかを考えることが重要だと思います。さまざまな視点を持つ、というのはこういうことです。それらの視点に必ずしも賛同する必要はありませんが、少なくともできる限り尊重するという姿勢が必要でしょう。

とはいえ、視点を過去にばかり向けるのではなく、カニアが言ってくれたように将来に向けた前向きな話も重要ですね。また質問してみますが、西ドイツの人々がナチスの歴史について学ぶとき、彼らがそこから教訓として得ているものは何だと思いますか。ナチスが過ちで悪で罪深いものであった、ということだけではありません。知っている人はいませんか。

ニック　それは再び起こり得る、ということでしょうか。

グラック教授　再び起こるのを防ぐためにはどうすればいいのでしょう。

ニック　歴史を学ぶ……？

グラック教授　歴史を学んでも、それだけでは限界があるという話を先ほどしましたね。

マオ　ナチスと似た気配が現れ始めたら、それを防ぐことでしょうか。

グラック教授　そうです。どのようにして日本が戦争へ向かうことになったのか、なぜ文化大革命が起きたのか、どうしてドイツでホロコーストが起きたのかについて学ぶ目的は、抽象的に「二度と繰り返しません」と言うだけでなく、あなたの責任は何なのか、なぜそれを防ごうとしないのかという、現在における責任の話なのです。

子供に何かを教えて自分が投票するなど、あなた自身が何をするのかも重要なのだと思います。「決して繰り返さない」と言うだけでは決して十分ではありません。過去に悪だと特定したものが未来で再現されないよう、私たちの価値観に基づいて行動することは、市民として、また人間としての責任です。それが歴史の意義であり、記憶の意義なのです。では最後の質問に参りましょう。

4回の講義を通してそれぞれが学んだこと

グラック教授　これまで4回にわたって、さまざまな国の戦争の記憶について話してきました。この講義を通して皆さんが学んだこと、自分の中で出した結論は何でしょうか。何でもいいので教えてください。

マオ　国家主義的に聞こえてしまうかもしれませんが……。

グラック教授　どうぞ（笑）。

マオ　第二次世界大戦というのは、中国だけでなく東アジアの多くの国にとって侵略

や残虐行為があった苦い過去です。当時の私たちには、他国からの侵略に対抗できる力がありませんでした。現在の中国は軍事技術が発達したおかげで以前よりも平和と安全を守れるようになりましたが、だからと言って過去の惨状を知っているので、報復や膨張を目指す必要はありません。

それよりも、核の問題が論じられる国連安保理の常任理事国の一員として、アジアと世界の平和と繁栄を維持することが重要だと思います。こうした立場になれたのは、あの戦争を生き抜いて、国家が力を付けたからです。

一人の市民としての責任は何かと問われれば、自国の発展に貢献することだと思います。国が発展して安定していれば、何かがあったとしても少なくとも自国の道を「選択する」ことができます

を含めて政治的文脈も変わりますね。自分の子供は全く別のことを学んでいるかもしれません。共通の記憶というのは「プロセス」であり、このプロセスに終わりはありません。終わりがないので、国内外の比較だけでなく世代間についても比較をしながら注視していくことが必要ですね。

トモコ　時代背景や学校で習うことは時間と共に変わるかもしれませんが、少なくとも過去に戦争があったということと、戦争の現実については、常に知っている必要があると思います。歴史というのは自分の外の世界で起きたことのような気がしてしまうからです。

グラック教授　歴史は自分の外の世界で起きていると感じるのですね。

トモコ　はい。ですが私は、被爆者や沖縄の戦争体験者にインタビューを始め、面と向かって直接話を聞いたことで、戦争の歴史を自分の中に感じることができるようになりました。

グラック教授　とても重要な点ですね。面と向かって人から話を聞くというのは非常に重要です。それでなくても、「人間の物語」というのは大きな影響力を持ちます。だからこそ、大衆文化に出てくるストーリーが共通の記憶の形成に大きく影響するのでしょう。

カニア　今日初めて参加してたくさんのことを学びましたが、一つだけ挙げるなら、戦争の物語を多面的に見る必要があるということです。ある国の歴史というのは勝者の視点など片側だけを語りがちで、実際には勝者も敗者もある意味では「負けている」ということに気付かないことがあると思います。なので、異なる視点を学ぶということが重要だと思いました。

第二次世界大戦は多くの国に影響を与えたということを考えたとき、例えばインドネシアには、前向きな影響を与えました。第二次世界大戦があったからこそ、インドネシアは独立できたのだと。

グラック教授　インドネシアは3年6ヵ月の間、日本軍の占領下にありましたが、それよりも共通の記憶としては独立の物語の始まりのほうが支配的です。ただし、そう考えるのはインドネシアだけではありません。植民地として支配されていた東南アジアの国々、シンガポールやマレーシアなどでも、第二次世界大戦は植民地からの解放と見なされていますね。ほかには？　ディランは何か発言しましたか？

ディラン　発言していません。残念ながら、私が学んだことはほかの皆さんに比べて少々ネガティブなものです……。

グラック教授　もちろんそれでもいいですよ。

ディラン　私は、戦争についてのこの連続講義では部族主義的なナショナリズムが浮き彫りになったように感じました。こうした考え方を変えるのは非常に難しいと思いました。ですがいくつか策となりそうなことが挙げられてきたように、それを和らげることは不可能ではないとも思いました。

もう一つは、オフィシャルな場で語られる物語というのは民間の記憶に比べると必ずしも支配的ではないということです。そう考えると、物語の作り手としての責任はより私たちの側にシフトしてきます。私たちが記憶を形成する何かに影響を与え得るのであれば、記憶を変えたいと思ったときに政府にアプローチする必要はそれほどないのかもしれないと思いました。

グラック教授　今日皆さんが話してくれたことを振り返ってみると、ディランの「学び」を楽観的に見ることもできるかもしれません。

まず先ほどから出ているように、さまざまな視点に目を向けることはナショナリズムにほかの観点を付け加える助けになるかもしれません。皆さんが答えてくれた「学び」から私が学んだのは、さまざまな視点を持つこと、ほかの人の視点を理解しようとすること、自国の歴史も他国の歴史も尊重すること、そして、過去と未来に対する個人の責任——これらは、自分と相手との関係性の中でできることなので、実はそれほど抽象的な話ではないと思います。

参加してくれた皆さん、本当にどうもありがとうございました。

第4回の講義を終えて

——講義の中で、原爆投下は道義的に正しいかどうかを疑問視する視点があるにもかかわらず、アメリカでは投下を正当化する物語が支配的であり続けたと言っていました。それはなぜなのでしょうか。

グラック教授　これまでに話してきたように、ある国の戦争の物語というのは長く生き続けることが多い。たとえその筋書きが、歴史的事実を正確に伝えるにはシンプル過ぎる「白黒物語」であったとしても、変わりにくいと言える。日本人の大半は、今でも「太平洋戦争」というと、その4年前の1937年7月に始まっていた中国との戦争というより、真珠湾攻撃からヒロシマと降伏までを思い浮かべる。

ほとんどのアメリカ人は第二次世界大戦を、ナチスの巨悪と日本の軍事的侵略に対して戦った「良い戦争」だと考えている。こうした物語は早い時期から今日まで、共通の記憶の中に定着してきた。原爆についても、アメリカ人が「戦争を終わらせ、アメリカ人の命を救った」ものと記憶している一方で、日本人は「戦後の平和への使命を与えられた」ものとして、長い間語られてきた。
この二つの物語が変わることがなかったのは、戦後の歴史的背景、つまり平和で豊かな日本、日米同盟、核戦争の恐怖などがそれを支えてきたからかもしれない。
道義的な疑問に関しては、無差別かつ大量に一般市民を殺すという意味で、原爆だけでなく無差別爆撃にも当てはまるだろう。しかし、核の脅威が増している現在は、原爆についての教訓を記憶するだけではなく、原爆がどういう状況でなぜ開発・使用されたのかという、歴史的事実を理解することが重要だろう。そうしないと、また繰り返されるかもしれない。

――これまで数十年もの間、「戦争の記憶」について研究してきた動機について教えてください。そもそもなぜこのテーマに取り組もうと思ったのですか。

グラック教授　私が第二次世界大戦の記憶をテーマに選んだというよりも、私がこのテーマに選ばれたように思う。南京事件から50周年の１９８７年、真珠湾攻撃から

コラム3【原爆～その原因と結果】

すべての歴史がそうであるように、広島・長崎への原子爆弾投下という歴史もまた原因と結果から成る。原因というのは常に複雑であり、結果というのは意図せざるもの、予期できないものであることが多い。

原爆が投下された主な原因は、勝利のための戦争、命を懸けた戦争、無条件降伏するまでの戦争という、全面戦争を遂行したことだった。ほぼすべての交戦国が、焼夷弾によって都市を焼き尽くす戦略爆撃を行った。ドイツはスペインのゲルニカ、オランダのロッテルダム、イギリスのロンドンとコベントリーを爆撃し、日本は中国山東省の長清区と上海、シンガポール、ビルマのラングーン、連合国軍はドイツのハンブルクとベルリン、ドレスデン、イタリアのナポリを、アメリカは日本国内の60都市以上を空爆した。それぞれの国が空軍力に信頼を寄せ、技術革新が促された。例えばレーダーには大きな改良が加わり、１９４２年には日本の都市を焼き尽くすことになるナパームが開発された。さらに、日本、ドイツ、アメリカは核融合を用いた爆弾の開発にも着手した。

そのうちアメリカだけが開発に成功し、1945年7月にはニューメキシコ州で初めての原爆実験が行われた。重要なのは、原子爆弾は、ナパーム弾と同じように初めから使用する目的で開発されたという点だ。懸念を示す人々はいたものの、原爆の使用は、軍部と政府の中では開発当初から疑う余地のない前提だった。議論の中心は原爆使用の是非についてより、どうすれば最も効果的な形で投下できるかにあった。

5月には既にドイツが降伏しており、主だった敵国として最後に残っていたのが日本だった。そして8月6日と9日に、二つの原爆が広島と長崎に投下された。その数週間後には、三つ目の原爆が完成する予定になっていた。一方で、日本の都市に対する空襲は8月15日に日本が降伏する前日まで変わらず続けられていた。つまり当時の米軍の認識は、原爆とはさまざまな空爆の中で最も新しく進化した爆弾として、終戦を早めるかもしれないという程度のものだった。

原爆の投下が実際に日本を降伏に導いたのかについては、今も日本とアメリカの双方で、歴史家による議論の的となっている。アメリカが勝利のために空爆を繰り返していた一方で、日本の指導者たちの間では降伏すべきかどうか、どのように降伏を決断すべきか、意見が分かれていた。最終的に降伏の決断が下されたとき、原爆はその要因の一つではあったが、同時にほかの理由もあった。ソ連による対日参戦、ポツダム宣言による無条件降伏要求、アメリカによる海上封鎖、沖縄戦での敗北、資源の枯渇などだ。これらの要因が合わさって、戦争を続けることが不可能のように見えてきた。

つまり、戦略や作戦の決断はいわゆる「戦争の不透明さ《フォグ・オブ・ウォー》」の中で下された。日本の降伏は政治的決断であり、原爆の影響はありながらも、むしろ「敗北の不透明さ」の中で下されたものだった。

そして、原爆の結果だ。1945年の戦争終結にいかなる役割を果たしたかは別として、原爆がその後の世界に与えた影響は甚大だった。最初に指摘すべきこととして、原爆は投下された当時は、その後に意味合いを帯びていく「原爆」ではなかった。原爆を開発していたロスアラモス国立研究所の科学者たちは放射線の影響について何かしら知っていたし、米軍の指導者たちは「新兵器」の標的として、その爆風効果を最大にし得る場所を意図的に選択した。だが科学者も米軍も、原爆は投下された瞬間に人類と世界を滅ぼしかねない破壊者となり得るし、また、その後の「核の平和」という冷戦時代にもそうであり続けるとは、想像していなかった。日本でも、8月15日の玉音放送で天皇が言及した「新に残虐なる爆弾」が、被爆者だけでなくその子供たちにまで影響をもたらす代物であるとは、当時はまだ考えられていなかった。原爆のアイコンとなるキノコ雲が、その象徴的意味を帯びるのは投下の後なのだ。

広島と長崎で被爆した人々は、長いあいだ原爆症に苦しんだ。世界は核兵器開発競争と米ソの相互確証破壊（MAD）の時期を経験し、現在も核拡散をめぐる争いが続いている。原爆投下に先立つ歴史（プレ・ヒストリー）では、この大量破壊兵器が作られた原因が重視される。一方、原爆投下後の歴史（ポスト・ヒストリー）ではその結果が浮き彫りにされるが、今も結末を迎えていない。

にもかかわらず、日本とアメリカで語られる原爆についての一般的な記憶は、それぞれ半分ずつ抜け落ちている。「原爆は戦争を終わらせ、アメリカ人の命を救った」。そこで、アメリカ側の物語は一般的には終わる。日本の側では、原爆は戦後の日本の平和への使命と結びつけられ、そこからメインの物語が始まる。両方の国が、原爆の物語を半分しか語らない。まるで、日本はヒロシマ以前の出来事を軽く飛ばしているようであり、アメリカはナガサキ以後に起きたことにほとんど触れない。日本は、原

１９９０年代は、記憶の10年、証言の時代、記憶の政治《メモリー・ポリティクス》の時代などと呼ばれる。そして、冷戦が終わり世界秩序が変わりゆくなか「グローバリゼーション」が合い言葉となった数年間で、戦争の記憶がますます注目を集めてきた。１９９０年代、第二次世界大戦についての記念日がやって来るごとに見解を求められてきた私は、共通の記憶とグローバルな見方という二つの領域に同時に足を踏み入れることになった。この経験は私の第二次世界大戦についての理解を生まれ変わらせ、世界大戦の「世界」を重視しなければならない、という意識に火をつけた。そうなると、戦争体験については主要国だけでなくそれらの植民地を含めた多くの視点から、アフリカや南米をもまたいで真に「世界的に」学ばなければならなくなった。と同時に、戦争の記憶とはどう作用するのか、一つや二つの国の記憶だけではなく、それらの共通点や関連性を見ることで理解することが必要になった。

私は「記憶」についての歴史家になるのと同時に、第二次世界大戦をグローバルな視点で考えるようになった。そうすることで、今度はもともと専門とする日本近現代史へのアプローチの仕方が変わった。私は世界史を書く歴史家ではないが、常に日本史を世界的な文脈で考えるようになった。つまり、日本と他国との共通点や関連性について考えるということであり、それは日本をよりよく理解する上で役立つ。まるで、日本の過去を他国の過去と対話させるようなものだ。人々はこうした対話から学ぶのであり、単に他の見方から学ぶというだけでなく、自分の見方の原点と限界について学ぶのである。

各国の戦争の記憶が溢れている世界に直面して、私は過去と現在の両方についてグローバルな文脈で考えるようになった。それは、対立する見方について対話をする大切さを際立たせる経験でもあった。本書で学生たちが交わしたやりとりのように、開かれた対話こそが、多様な過去と現在を繋げる道である。それは同時に、多様でありながらも共通の未来を想像するための道でもある。戦争の記憶は、私にそう教えてくれる。

N.D.C. 201　197p　18cm
ISBN978-4-06-515430-4

講談社現代新書　2531

戦《せん》争《そう》の記《き》憶《おく》　コロンビア大学特別講義《だいがくとくべつこうぎ》—学生《がくせい》との対話《たいわ》—

二〇一九年七月二〇日第一刷発行

著者　キャロル・グラック
写真　Q・サカマキ
発行者　渡瀬昌彦
発行所　株式会社講談社
東京都文京区音羽二丁目一二—二一　郵便番号一一二—八〇〇一
電話　〇三—五三九五—三五二一　編集（現代新書）
〇三—五三九五—四四一五　販売
〇三—五三九五—三六一五　業務
装幀者　中島英樹
印刷所　凸版印刷株式会社
製本所　株式会社国宝社
定価はカバーに表示してあります　Printed in Japan

「講談社現代新書」の刊行にあたって

教養は万人が身をもって養い創造すべきものであって、一部の専門家の占有物として、ただ一方的に人々の手もとに配布され伝達されうるものではありません。

しかし、不幸にしてわが国の現状では、教養の重要な養いとなるべき書物は、ほとんど講壇からの天下りや単なる解説に終始し、知識技術を真剣に希求する青少年・学生・一般民衆の根本的な疑問や興味は、けっして十分に答えられ、解きほぐされ、手引きされることがありません。万人の内奥から発した真正の教養への芽ばえが、こうして放置され、むなしく滅びさる運命にゆだねられているのです。

このことは、中・高校だけで教育をおわる人々の成長をはばんでいるだけでなく、大学に進んだり、インテリと目されたりする人々の精神力の健康さえもむしばみ、わが国の文化の実質をまことに脆弱なものにしています。単なる博識以上の根強い思索力・判断力、および確かな技術にささえられた教養を必要とする日本の将来にとって、これは真剣に憂慮されなければならない事態であるといわなければなりません。

わたしたちの「講談社現代新書」は、この事態の克服を意図して計画されたものです。これによってわたしたちは、講壇からの天下りでもなく、単なる解説書でもない、もっぱら万人の魂に生ずる初発的かつ根本的な問題をとらえ、掘り起こし、手引きし、しかも最新の知識への展望を万人に確立させる書物を、新しく世の中に送り出したいと念願しています。

わたしたちは、創業以来民衆を対象とする啓蒙の仕事に専心してきた講談社にとって、これこそもっともふさわしい課題であり、伝統ある出版社としての義務でもあると考えているのです。

一九六四年四月　野間省一